Johannes von Kries
Goethe als Psychologe

SEVERUS Verlag

von Kries, Johannes: Goethe als Psychologe. Johann Wolfgang von Goethe und die Psychologie in seinen Werken und in seiner Forschung. 2012
Neuauflage der Ausgabe von 1924
ISBN: 9783863472870

Umschlaggestaltung: SEVERUS Verlag

Bibliografische Information der Deutschen Nationalbibliothek: Die Deutsche Nationalbibliothek verzeichnet diese Publikation in der Deutschen Nationalbibliografie; detaillierte bibliografische Daten sind im Internet über https://dnb.de abrufbar.

Der SEVERUS Verlag ist ein Imprint der Bedey & Thoms Media GmbH, Hermannstal 119k, 22119 Hamburg

SEVERUS Verlag, 2012
http://www.severus-verlag.de
Gedruckt in Deutschland
Der SEVERUS Verlag übernimmt keine juristische Verantwortung oder irgendeine Haftung für evtl. fehlerhafte Angaben und deren Folgen.

Johannes von Kries

Goethe als Psychologe
Johann Wolfgang von Goethe und die Psychologie in seinen Werken und in seiner Forschung

MIX
Papier aus verantwortungsvollen Quellen
Paper from responsible sources
FSC® C105338

PHILOSOPHIE UND GESCHICHTE
EINE SAMMLUNG VON VORTRÄGEN UND SCHRIFTEN
AUS DEM GEBIET
DER PHILOSOPHIE UND GESCHICHTE

===== 5 =====

Goethe als Psycholog

von

Johannes von Kries
Professor der Physiologie zu Freiburg i. Br.

Die folgenden Blätter bringen einen Vortrag, den ich am 28. September 1919 bei der Tagung der Goethe-Gesellschaft in Weimar zufolge einer Aufforderung des Vorstandes gehalten habe, und der im Jahrbuch der Goethe-Gesellschaft Bd. VII, 1920 S. 3 abgedruckt ist. Der Text ist, von unbedeutenden Kleinigkeiten abgesehen, unverändert geblieben. Der Titel lautete damals, entsprechend dem mir erteilten Auftrag: „Goethe als Naturforscher". Da indessen dieses umfassende Thema nur zum kleinen Teil und unter einem speziellen Gesichtspunkte behandelt werden konnte, so habe ich es für richtiger gehalten, dies sogleich im Titel anzudeuten. Hinzugefügt sind jetzt eine Anzahl von Anmerkungen, in denen für die angezogenen Stellen die Nachweise gegeben sind, namentlich aber einzelne besonders wichtige Gegenstände eingehender und strenger wissenschaftlich behandelt werden, als es damals im Vortrage geschehen konnte.

Freiburg, im April 1924. Der Verfasser.

Alle Rechte vorbehalten.
Druck von H. Laupp jr in Tübingen.

Daß in der Veranlagung Goethes die Liebe zur Natur und die Leidenschaft für ihre Erforschung kaum minder auffällig hervortritt als der dichterische Genius, daß in seiner rastlosen Arbeit der Beobachtung der natürlichen Dinge und Vorgänge ein ebenso großer, ja vielleicht ein größerer Raum vergönnt war als dem poetischen Schaffen: diese Tatsache ist allbekannt und hat seit langer Zeit die ihr gebührende Beachtung gefunden. Jede allgemeine Darstellung von Goethes Leben und Persönlichkeit beschäftigt sich mit ihr; eine kaum mehr übersehbare Anzahl von Vorträgen, Aufsätzen, monographischen Darstellungen ist ihr gewidmet worden und hat sie, sei es im ganzen, sei es in einzelnen Teilen, vielfach in ausgezeichneter Weise beleuchtet. Auch dürfen über manche, eine Zeitlang viel umstrittene Fragen allmählich wohl die Akten als geschlossen angesehen werden. Wenn trotz dieser Umstände unser verehrter Vorstand an mich mit der ehrenvollen Aufforderung herantrat, hier über Goethe als Naturforscher zu sprechen, so hat er sich dabei ohne Zweifel von der Erwägung leiten lassen, daß eine erneute Betrachtung doch immer wieder möglich und lohnend sei, daß ein solcher Gegenstand überhaupt nicht eigentlich erschöpft oder erledigt werden könne. Wie ich glaube, trifft dies in der Tat zu, sogar in höherem Maße, als es schon auf den ersten Blick einleuchtend erscheinen mag. Denn nicht nur wird, was sich von selbst versteht, dem einen dies, dem anderen jenes vorzugsweise interessant und beachtenswert sein, nicht nur lassen sich die nämlichen Tatsachen in verschiedene Zusammenhänge bringen und unter verschiedenen Gesichtspunkten betrachten, sondern es kommt noch dazu, daß auch der Wandel allgemeiner Anschauungen geeignet ist, die ganze Auffassung der gestellten Aufgabe zu modifizieren. So sind in den zwei letzten Jahrzehnten die Anschauungen darüber in eine gewisse Bewegung gekommen, wie wir überhaupt die Aufgabe der Naturwissenschaft zu bestimmen und zu umgrenzen haben. Beachtenswerte Anregungen gehen dahin, in gewissem Umfange auch die wissenschaftliche Erforschung des S e e l e n l e b e n s, die P s y c h o l o g i e, der Naturforschung zuzurechnen. Kann auch den Erwägungen, auf die sich dies stützt, nur mit mancherlei Vorbehalten und Einschränkungen zugestimmt werden, und erscheint diese Ausdehnung dessen, was wir Naturwissenschaft und Naturforschung zu nennen haben, nicht gerade zwingend, so ist sie doch ohne Zweifel in vielem Sinne berechtigt und fruchtbar. Und so möchte ich denn heute über Goethe als P s y c h o l o g e n, über Goethes Psychologie sprechen. Auch darf ich mich hierauf um so mehr beschränken, als sich dabei von selbst Gelegenheit bietet, auch von Goethes Naturforschung im engeren hergebrachten Sinne, wenngleich auch wieder nur unter besonderen Gesichtspunkten zu reden. Bevor ich mich meinem Gegenstande zuwende, ist es aber geboten, einige Bemerkungen über Grund und Bedeutung jener veränderten Zurechnung vorauszuschicken.

In der Gesamtheit unseres Wirklichkeits-Erkennens können wir zwei durchaus und grundsätzlich verschiedene Teile auseinanderhalten. Wir können uns zunächst die Aufgabe stellen, die der Wirklichkeit eigenen g e s e t z l i c h e n O r d n u n g e n und R e g e l m ä ß i g k e i t e n zu erforschen und darzustellen. Ohne Zweifel aber würde selbst eine ganz vollständige Lösung dieser Aufgabe noch keineswegs eine erschöpfende Kenntnis des ganzen Wirklichkeits-Verhaltens bedeuten. Denn in vielen Hinsichten ist dies sicher nicht aus allgemeinen Gesetzen abzuleiten, sondern nur als ein tatsächlich Gegebenes zu erkennen. So folgt, um ein einfaches Beispiel anzuführen, die Bewegung der Himmelskörper gewissen allgemeinen Regeln, die wir etwa als Anziehungsgesetze festlegen können. Welche Massen aber überhaupt vorhanden und wie sie von Haus aus angeordnet sind, das scheint einem allgemeinen Gesetz nicht unterstellt zu sein. Wir müssen uns hier mit der Einsicht begnügen, daß die Dinge sich tatsächlich so verhalten. Man kann demgemäß die in der Form eines Gesetzes ausdrückbaren und die durch die Gesamtheit der Gesetze noch offen gelassenen, die **nomologischen** und die **ontologischen** Bestimmungen der Wirklichkeit unterscheiden [1]). Und es ist namentlich zu beachten, daß in den einzelnen, individuellen Verhaltungsweisen überall Bestimmungen dieser letzteren, ontologischen Art mit zur Erscheinung kommen.

An diese und mancherlei ähnliche, ältere und neuere Gedanken anknüpfend, hat **Windelband** in seiner vielbeachteten Rede über ‚Geschichte und Naturwissenschaft' für die Einteilung und Ordnung der wissenschaftlichen Disziplinen neue und bedeutungsvolle Richtlinien entworfen [2]). Die Naturwissenschaften sind berufen und bestrebt, die Gesetzmäßigkeiten der Wirklichkeit zu ermitteln. In vollem Gegensatz hierzu hat die Geschichte sich gerade mit dem zu befassen, was die Wirklichkeit nicht zufolge eines allgemeinen Gesetzes, was sie als ein **Einzelnes** und **Individuelles** darbietet. Ermangeln aber solche Einzeltatsachen in der Regel derjenigen Bedeutung, die uns veranlassen könnte, sie überhaupt zum Gegenstande einer wissenschaftlichen Festhaltung zu machen, so beschränkt sich hier naturgemäß die wissenschaftliche Aufgabe auf diejenigen, die mit dem uns **Wertvollen**, insbesondere mit Kulturgütern und Kulturaufgaben in Verbindung stehen. Und so bestimmt sich der Inhalt der Geschichtswissenschaft überall nach Wert-Gesichtspunkten, die wiederum der nur nach den Gesetzmäßigkeiten forschenden Naturwissenschaft fremd, ja ihr durchaus fernzuhalten sind. Geht man hiervon aus, so erscheint als bedeutungsvollstes Kriterium aller wissenschaftlichen Beschäftigung mit der Wirklichkeit das, ob sie auf die Erfassung von Gesetzmäßigkeiten oder ob sie auf die Festhaltung der uns in irgendeinem Sinne wertvollen Einzelverhaltungsweisen gerichtet ist. Und erblicken wir in der ersten Zielsetzung das charakteristische Merkmal der Naturforschung, so haben wir insbesondere auch die Seelenlehre als ein Gebiet der Naturforschung in Anspruch zu nehmen, wie dies Windelband als eine bedeutsame Folgerung seiner ganzen Auffassung auch getan hat. Zwar möchte ich mich, wie gesagt, nicht ohne Vorbehalt und ohne Einschränkung auf diesen Standpunkt stellen. Haben wir doch Anlaß, schon in dem, was nach alter Uebung Naturwissenschaft genannt wird, rein beschreibende Teile denen gegenüber zu stellen, die sich in strengerem Sinne mit den Gesetzen befassen. Allein das dürfen wir uns unbedenklich aus der Lehre Windelbands zu eigen machen, daß auch die Erforschung und Erkenntnis menschlichen Seelenlebens in einer Art geschehen kann, die sich nach Methode und Ergebnis der uns in anderen Gebieten gewohnten Naturforschung anschließt.

So gefaßt wird schon die Frage, ob Goethe ein Psycholog war, ob er sich mit Seelenlehre und Seelenkunde befaßt habe, nicht ganz überflüssig, ihre Beantwortung nicht so selbstverständlich erscheinen, wie dies auf den ersten Blick der Fall sein könnte. Das freilich versteht sich von selbst, daß in gewissem Sinne jeder Dichter, den reinen Lyriker vielleicht ausgenommen, Psycholog sein muß, und daß Goethe, den wir als feinsten und tiefsten Kenner des menschlichen Herzens und Gemütes verehren, es in hervorragendem Maße war. Aber diese unerläßliche Kenntnis der menschlichen

Seele ist ja eine anschauliche und individuelle. Aus einer solchen, man kann sagen, instinktiven Erfassung ergibt sich dem Dramatiker, dem Romandichter, wie die einzelne Persönlichkeit seiner Dichtung unter bestimmten Bedingungen sprechen und handeln muß. Von dieser anschaulich dichterischen Seelenkenntnis können wir die auf ein naturwissenschaftliches Verfahren gestimmte, nach der wir hier fragen, sehr wohl unterscheiden. Es wird sich fragen, **wie weit sich jene zu begrifflichen Formulierungen und zu Aufstellungen von allgemeinerer Bedeutung** verdichtet. Und es wird unsere Aufgabe sein, in Goethes Gedanken und Lehren all dem nachzugehen, was in diesem Sinne einer wissenschaftlichen Seelenlehre zugehört oder sich auch nur annähert.

Züge dieser Art lassen sich, wie mir scheint, schon da feststellen, wo es sich nicht um Verallgemeinerungen handelt, die auf psychologische Gesetze gerichtet sind, sondern bei der **Beschreibung einzelner Personen.** Namentlich in denjenigen Schriften Goethes, die Ereignisse seines eigenen Lebens erzählen, fällt auf, daß der Beschreibung der Persönlichkeiten, mit denen er in Berührung kommt, ein verhältnismäßig breiter Raum gegeben ist. Man bemerkt, daß Goethe dem neuen Menschen gegenüber ganz wie gegenüber einem neuen Naturgebilde bemüht war, dessen Beschaffenheit aufs genaueste zu erfassen und in den dafür geeigneten Begriffen festzulegen. Dürfen wir seinem eignen, freilich ja viel später niedergeschriebenen Bericht[3] Glauben schenken, so empfand er sogar unmittelbar nach der ersten Begegnung mit Friederike das Bedürfnis, sich die Eigenschaften klarzumachen, durch die das reizende Mädchen ihn bezaubert hatte.

Sind diese Charakterisierungen einzelner Persönlichkeiten unzweifelhaft von naturforscherischem Geiste getragen, so bewegen sie sich doch im Gebiete des Individuellen. In höherem Grade nähern wir uns naturwissenschaftlicher Methode, wo es sich darum handelt, die wesentlichen Eigentümlichkeiten ganzer **Klassen** und **Gruppen** zu erfassen und darzustellen. Es mag genügen, hier an Goethes treffende Bemerkungen über verschiedene **Nationalitäten** zu erinnern, z. B. über die schon damals in Weimar häufig gesehenen jungen Engländer [4]), an die Charakterisierung der Franzosen [5]) als der Weiber unter den europäischen Völkern; ferner an die Aufstellung ganzer Gruppen durch eigenartige Veranlagung ausgezeichneter Persönlichkeiten, von denen die **problematischen Naturen** [6]) wohl das bekannteste Beispiel sind.

Wir kommen auf Gegenstände, die zwar ähnlich, aber von weit umfassenderer Bedeutung sind, und deren Behandlung sich der naturwissenschaftlichen Fragestellung noch mehr nähert, wenn wir an die beiden durch natürliche Verhältnisse bedingten Gliederungen des Menschengeschlechtes denken, den Unterschied der **Lebensalter** und den Gegensatz der **Geschlechter**.

Ueber die seelische Entwicklung, die den Ablauf des Lebens vom Kindesalter bis zum Ende begleitet, sind uns Goethes Ansichten aus einer Fülle verstreuter Aussprüche erkennbar. Und handelt es sich dabei überall um Aufstellungen von allgemeinster Bedeutung, so werden wir hier sicherlich in unserem Sinne von einer naturwissenschaftlichen Betrachtung reden dürfen. Ja, es erscheint dies um so mehr berechtigt, als ohnehin hier der enge Zusammenhang mit seinen allgemeinen biologischen Anschauungen maßgebend hervortritt. Diesen entspricht vor allem die Ueberzeugung, daß schon in der frühen Kindheit die wesentlichen Eigenschaften des reifen Alters vorgezeichnet und fest gegeben sind. Jeder durchläuft seine Jahre „nach dem Gesetz, wonach er angetreten". Auch die Entwicklung, die wir vom Kindesalter bis zum Grabe durchzumachen haben, ist eine naturgemäß gegebene, die man den Einzelnen weder ersparen kann noch soll. Hierher gehört auch jener bekannte Ausspruch, der uns gegenwärtig durch seine Analogie mit Häckels biogenetischem Grundgesetz besonders interessiert: daß die Jugend doch immer wieder von vorn anfangen und als Individuum die Epochen der Weltkultur durchmachen muß. Wie das einzelne Individuum körperlich die stammesgeschichtliche Entwicklung seiner Vorfahren wiederholt, so ähnelt die geistig-seelische Ausbildung dem Entwicklungsgange, den die Menschheit, zu höheren Kulturformen fortschreitend, durchmessen hat [7]).

Es hängt mit der praktischen Richtung Goethescher Denkweise zusammen, daß ihn auch das Verhältnis der Lebensalter, die Fragen der Entwicklung ganz vorzugsweise unter dem pädagogischen Gesichtspunkt interessierten. Und so begegnen wir denn dem gleichen oder doch einem ähnlichen Gedanken auch besonders in der Form, daß in der Erziehung die von Haus aus gegebene Eigenart des Einzelnen zu beachten und zu respektieren sei. Es gibt gewiß ganz des Dichters eigene Meinung wieder, wenn die Mutter Hermanns dem den Sohn mißmutig tadelnden Vater verständig entgegenhält:

> ..., wir können die Kinder nach unserem Sinne nicht formen;
> So wie Gott sie uns gab, so muß man sie haben und lieben,
> Sie erziehen aufs beste und jeglichen lassen gewähren.
> Denn der eine hat die, die anderen andere Gaben.

Nur soll man sich hüten, die Eigenheiten noch geflissentlich zu verstärken, vielmehr einer gewissen Harmonie, einem Gleichgewicht der verschiedenen Anlagen zustreben. So empfiehlt denn Goethe, im Unterricht der Kinder das, wofür sie eine ausgesprochene Veranlagung besitzen, nicht zu stark zu betonen und zu begünstigen, da die natürliche Entwicklung ohnehin schon in genügendem Maße zur Ausbildung solcher Anlagen dränge, sondern gerade denjenigen

Seiten, die minder begünstigt sind, durch Anregung und Unterweisung zu Hilfe zu kommen. „Unsere Stärken bilden sich gewissermaßen von selbst. Aber diejenigen Keime und Anlagen unserer Natur, die nicht unsere tägliche Richtung und nicht so mächtig sind, wollen eine besondere Pflege, damit sie gleichfalls zu Stärken werden" [8]).

Auch über die Wandlungen, die wir im Gang des Lebens erfahren, hat er uns nicht weniges gesagt, was von Interesse und Bedeutung ist. Von naturwissenschaftlicher Seite [9]) ist einmal gezeigt worden, wie kurz im allgemeinen die Zeiten höchster Leistungsfähigkeit, wenigstens in manchen Hinsichten, bemessen sind, und daß die neuen und bahnbrechenden Gedanken genialer Forscher sich meist in den Beginn des dritten Jahrzehntes zurückverfolgen lassen, während die spätere Zeit nur ihrer weiteren Ausführung und Verarbeitung gewidmet ist. Auch Goethe spricht sich gelegentlich darüber aus, wie die Produktivität der Jugend im Alter nicht wieder erreicht werde. Hier sei auch an seine merkwürdigen Gedanken über eine wiederholte Pubertät genialer Naturen erinnert, die sich mit manchen modernen Anschauungen nahe berühren [10]).

Ganz ähnlich aber wie für die verschiedenen Individuen, so nimmt Goethe auch für die Lebensalter eine gewisse Gleichberechtigung in Anspruch. Es ist ein Irrtum, zu glauben, daß man mit den Jahren immer klüger werde. Freilich erscheinen die Dinge dem Jüngling, dem Manne, dem Greis verschieden, aber doch nur in demselben Sinn, wie eine Landschaft, von verschiedenen Stellen betrachtet, ungleich aussieht. An sich sei die eine Betrachtung nicht besser oder richtiger als die andere [11]).

Tröstlich für denjenigen, der sich der Endstrecke des Lebens nähert, ist es, wenn Goethe an anderer Stelle auch für das hohe Alter die Fähigkeit in Anspruch nimmt, Neues zu erfassen und sich dadurch selbst zu erneuern. „Bin ich denn darum achtzig Jahre alt geworden, daß ich immer dasselbe denken soll? Ich strebe vielmehr täglich, etwas Anderes, Neues zu denken, um nicht langweilig zu werden. Man muß sich immerfort verändern, erneuern, verjüngen, um nicht zu verstocken" [12]). Ja, wir lesen an anderer Stelle sogar, wenn man alt ist, müsse man mehr tun, als da man jung war [13]). Die Milde des Urteils aber, die dem Alter eigen ist, wo hätte sie einen rührenderen Ausdruck und eine verständnisvollere Erklärung gefunden, als wenn Goethe sagt: „Ich sehe keinen Fehler begehen, den ich nicht auch begangen hätte" [14]).

Die Frage, welche Unterschiede seelischer Veranlagung und seelischen Wesens zwischen männlichem und weiblichem Geschlecht bestehen, hat Goethe nicht minder aufs mannigfaltigste beschäftigt. Versuchen wir uns zu vergegenwärtigen, was er in dieser Hinsicht gedacht und uns gelehrt hat, so müssen wir vor allem hervorheben, daß es seiner ganzen Denkweise entsprach, bedeutungsvolle Unterschiede der Geschlechter als etwas fest und naturgemäß Gegebenes zu betrachten. Der Unterschied von Mann und Weib gehörte auch zu jenen **polaren Gegensätzen**, die er als eine die Natur in größtem Umfange beherrschende Gestaltungsform auf den verschiedensten Gebieten immer wieder zu erkennen glaubte. Dabei handelt es sich aber um Unterschiede, die nicht nur Ungleichheiten der Befähigung bedeuten, sondern aus denen sich vor allem auch bestimmte Grenzen der Aufgaben und Pflichten ergeben. So begegnen wir denn in verschiedener Form und in verschiedenen Gebieten Aussprüchen, die dahin gehen, daß dieses dem Manne, ein anderes dem Weibe naturgemäß und bestimmt sei, anstehe und gezieme. Erinnern wir uns der schönen Worte, in denen Dorothea das **Dienen** als Beruf und Bestimmung des Weibes hinstellt, so ist sehr bezeichnend, wie sie diese Aufgabe und auch die Befähigung dazu mit dem durch die Natur am festesten vorgezeichneten Schicksal des Frauenlebens in Verbindung bringt, der Mutterschaft und Kindespflege. Ueber die Bestimmung des Weibes, zu dienen, hat sich Goethe noch mehrfach ausgesprochen und ihr mit feiner Unterscheidung die Pflicht des Mannes, zu ge h o r c h e n, entgegengestellt [15]). Aber auch bestimmte Unterschiede in der Art sittlichen Strebens und der moralischen Wertungen erachtete Goethe als dem Unterschiede der Geschlechter angemessen. Daß der Mann nach Freiheit, das Weib nach Sitte strebt und streben soll, läßt Goethe die Prinzessin im ‚Tasso' sagen. Gewiß aber soll damit nicht etwas bloß für jene Zeit und ihre sozialen Verhältnisse Zutreffendes, sondern etwas allgemein Gültiges ausgesprochen sein. Vor allem dürfen wir hier auch der Worte gedenken, in die Goethe die gewaltigste und tiefste seiner Dichtungen ausklingen läßt:

> Das Ewig-Weibliche
> Zieht uns hinan.

Ohne Zweifel wollte Goethe die verzeihende Liebe, die gnadenvolle Milde, dem Grundgedanken der Madonnenverehrung sich anschließend, als Vorrecht weiblichen Empfindens hinstellen.

Eine naturwissenschaftlich orientierte Psychologie würde ja nun versuchen müssen, diese und andere Unterschiede männlichen und weiblichen Wesens in noch allgemeinerer und tiefer gehender Weise zu erfassen, ihre letzten Gründe zu erkennen, namentlich auch zu ermitteln, wie weit es sich um fest gegebene Unterschiede der Anlage, wie weit um Ergebnisse erzieherischer Beeinflussungen handelt, die durch die jeweils bestehenden sozialen Verhältnisse gegeben sind. Es will mir scheinen, daß Goethe in bezug auf Fragen dieser Art nicht in dem Maße, wie man es erwarten sollte, zu festen Ergebnissen gelangt ist. Ueberblickt man, was sich namentlich in seinen Gesprächen an Aeußerungen dieser Art findet, so fällt auf, daß es überhaupt verhältnismäßig wenig ist, und daß die Aeußerungen über das weibliche Geschlecht, überwiegend nicht eben günstig klingend, wohl kaum ein erschöpfendes Bild seiner Meinungen geben. Der Meinung, daß das Urteil der Frauen leicht durch gefühlsmäßige Rücksichten getrübt wird, stimmt auch er wohl zu. Wir finden dies z. B. für ästhetische Beurteilungen gelegentlich ausgesprochen. „Sie lassen sich bei der Beurteilung eines Buches zu sehr dadurch bestimmen, ob ihnen der Held liebenswert oder anziehend erscheint" [16]).

Die vorzugsweise interessierende Frage, wie Goethe die rein intellektuelle Befähigung des weiblichen Geschlechtes beurteilt habe, erfordert meines Bedünkens große Vorsicht. Sicher ist wohl, daß er der Frau die Befähigung zur selbständigen wissenschaftlichen Hervorbringung, wenn auch nicht abzusprechen, doch nur in beschränktem Maße zuzuerkennen geneigt war. Die Prinzessin im ‚Tasso' findet die Frucht ihrer hohen und feinen Bildung doch nur darin, daß sie, wenn kluge Männer reden, verstehen kann, wie sie es meinen. — In einer Unterhaltung mit Riemer sagt Goethe: „Die Weiber haben das Eigenartige, daß sie das F e r t i g e zu ihren Absichten verarbeiten und verbrauchen. Der Mann schafft und erwirbt. Die Frau verwendet's. Das ist auch im weiteren Sinne das Gesetz, unter dem beide Naturen stehen. Daher muß man einer Frau das F e r t i g e geben" [17]).

Eine ganz allgemeine, etwas abfällige Beurteilung des weiblichen Intellekts klingt uns aus dem Verschen entgegen:

> Was die Weiber lieben und hassen,
> Das wollen wir ihnen gelten lassen;
> Wenn sie aber urteilen und meinen,
> Da will's oft wunderlich erscheinen [18]).

Indessen war es hier wohl mehr auf eine launige Formulierung als auf tiefdringende Erfassung eines psychologischen Sachverhaltes abgesehen. Und wir müssen uns wohl hüten, zu weitgehende Folgerungen über Goethes Anschauungen daran zu knüpfen. Schon der Verkehr, in dem Goethe sein Leben lang mit einer Anzahl geistig hochstehender Frauen gestanden hat, beweist hinlänglich, daß er bei ihnen nicht nur Interesse für seine Geschicke, Teilnahme für die Bedürfnisse seines Gemüts, sondern auch weitgehendes Verständnis für seine wissenschaftlichen und künstlerischen Bestrebungen zu finden erwartete. Auch wird man sich erinnern müssen, wie viele kluge und tief durchdachte Worte Goethe in seinen Dichtungen weiblichen Personen in den Mund gelegt hat. Gerade jene schönen Bemerkungen über Natur und Aufgabe des weiblichen Geschlechts, die längst Gemeingut aller Gebildeten geworden sind, begegnen uns als Aussprüche von F r a u e n, der Dorothea, der Mutter Hermanns, der Prinzessin, der Iphigenie u. a. Ganz besonders aber möchte ich hier auf die mannigfaltigen Betrachtungen hinweisen, die Goethe in den ‚Wahlverwandtschaften‘ als „Ottiliens Tagebuch" darbot. Von der intellektuellen Befähigung der Frauen konnte er doch nicht gar so gering denken, wenn es ihm angängig erschien, so viele feine und tiefe Gedanken als die Ergebnisse stiller und sinniger Betrachtung eines jungen Mädchens darzustellen.

Bewegen sich in den bisher besprochenen Gebieten die Betrachtungen Goethes wenigstens großenteils in Bahnen, die einer naturwissenschaftlichen Seelenlehre nahekommen, so gilt dies noch mehr für Gedanken und Urteile spezielleren Inhalts, die wir bei Goethe in unbegrenzter Fülle antreffen. Jedermann weiß, welchen Schatz tiefer und mannigfaltiger Lebensweisheit seine Werke, insbesondere auch seine Gespräche bergen. In der Tat gibt es kein Gebiet im menschlichen Sein und Wesen, Tun und Treiben, wofür sich nicht für Goethe aus dem Reichtum der Erfahrung und aus zusammenfassendem Nachdenken eine Fülle eigenartiger und bedeutender Gedanken ergeben hätte, die wir in all seinen literarischen Erzeugnissen, in Briefen und Gesprächen, wie eine unendliche Zahl von Edelsteinen verstreut und eingesprengt finden. Intellektuelle und moralische Eigenschaften, wissenschaftliche und künstlerische Ausbildung, Berufe und Stände, Völker und Zeiten: es gab nichts, was nicht sein Interesse auf sich gezogen, worüber er sich nicht in bedeutender Weise ausgesprochen hätte. Alles aber, was er uns hier zu sagen weiß, was ist es im Grunde Anderes als eine Summe von Gedanken über allgemeine Verhältnisse menschlichen Seelenlebens?

Der Versuch, alles dieser Art, was wir bei Goethe finden, nach der von einer systematischen Seelenlehre geforderten Ordnung zusammenzubringen, dürfte nicht unausführbar und gewiß lohnend sein. Hier darf ich daran nicht denken, denn es würde mich nicht nur über die hier gesteckten Grenzen weit hinausführen, sondern auch in Gefahr bringen, durch die Anführung allbekannter Dinge zu ermüden. Denn wem käme nicht sogleich in den Sinn, was uns Goethe (um nur an Bekanntestes zu erinnern) über Wert und Berechtigung eines glücklichen Leichtsinns [19]), über Geduld und Ungeduld [20]), über die erzieherische Wirkung des Leidens [21]), über Bescheidenheit und Dünkel [22]), über den Wert der Selbsterkenntnis [23],) über Dankbarkeit [24]) und unzähliges Andere sagt. In besonders reicher Fülle enthalten bekanntlich die Wanderjahre teils kurze Aussprüche teils eingehende Erörterungen dieser Art, von denen ich hier nur die schönen Ausführungen über die Ehrfurcht erwähnen möchte. Auch genügt dieser ganz allgemeine Hinweis, um zu zeigen, wie sehr auch die Psychologie Goethes von naturforscherischem Geiste getragen ist, und wie auch hier eine einzigartige Veranlagung ihn zu Ergebnissen von höchster Bedeutung geführt hat. Sicher wird denn auch eine wissenschaftliche Seelenlehre in den Gedanken Goethes nicht nur die mannigfachste Anregung finden, sondern sich vieles davon ohne weiteres als wichtigen Bestandteil aneignen können.

Darf ich von einer Verfolgung dieser Dinge im einzelnen

hier absehen, so möchte ich statt dessen einen Punkt etwas eingehender besprechen, der von weitergehender Bedeutung ist. Er betrifft die i n t e l l e k t u e l l e n V e r h ä l t n i s s e d e s M e n s c h e n, die allgemeinen Fragen des Erkennens, des Lernens und Wissens. Handelt es sich hier auch um Dinge, die nicht unbedingt der Psychologie zuzurechnen sind, so stehen sie doch zu ihr in engster Beziehung, und wir werden sehen, daß Goethe selbst jedenfalls geneigt war, sie ganz unter psychologischen Gesichtspunkten zu betrachten. Wie dachte Goethe, was sagt er uns über menschliches Erkennen und Denken, über die Art vor allem, in der wir die Wirklichkeit zu erfassen befähigt sind und versuchen sollen? Es unterliegt keinem Zweifel, daß Goethe namentlich mit Bezug auf denjenigen Teil unseres Wirklichkeitserkennens, der im Mittelpunkt s e i n e s Interesses und s e i n e r Arbeit stand, die N a t u r f o r s c h u n g, auch diese methodischen Fragen reiflichst erwogen hat und dabei zu sehr bestimmten, für sein ganzes Wesen und seine Denkweise charakteristischen Anschauungen gelangt ist. Sind uns auch diese nicht aus einer systematischen Darstellung, sondern nur aus verstreuten Aeußerungen erkennbar, so sind doch diese besonders zahlreich. Ueberdies aber kommt uns hier zugute, daß wir uns unbedenklich auch auf Goethes eigene Naturforschung stützen dürfen. Zwar ist gewiß nicht anzunehmen, daß er durch allgemeine Ueberlegungen zur Einhaltung eines bestimmten Weges veranlaßt wurde. Vielmehr bot sich ihm seiner ganzen Natur nach ein bestimmtes Verfahren gewissermaßen von selbst dar. Indem sich dies aber als fruchtbar und erfolgreich bewährte, befestigte sich auch in ihm die Ueberzeugung, daß eben dies das richtige und gebotene sei. Die Frage, welches Verfahren er für das richtige gehalten und empfohlen hat, dürfen und müssen wir also überall durch die ergänzen, wie er selbst zu Werke gegangen ist.

Betrachten wir nun Goethes Lehren und seine eigene Forschung, so tritt uns als auffälligstes Merkmal dies entgegen, daß der ausgiebigste und sorgfältigste Gebrauch unserer Sinne, das Wahrnehmen und Beobachten mit größtem Nachdruck als die Hauptsache betont wird. Nicht nur die von dem festen Boden der Erfahrung ganz abgelöste Spekulation erschien ihm durchaus unfruchtbar, sondern auch die an die Erfahrung anknüpfende und an ihr wiederum prüfbare Theorie erschien ihm als ein weniger ratsamer, viel häufiger in die Irre als zu wertvollen Ergebnissen führender Weg. Niemals hat er sie empfohlen oder ihre Notwendigkeit betont, unzählige Male aber vor ihr gewarnt und auf ihren geringen Nutzen hingewiesen. „Man erkundige sich ums Phänomen!" [25]) so mahnt er unermüdlich. „Theorien", sagt er einmal, „sind gewöhnlich Uebereilungen eines ungeduldigen Verstandes, der die Phänomene gern los sein möchte" [26]). Wie sehr sich in Goethes eigener Tätigkeit dieser Grundsatz verkörpert, ist bekannt. Wer das ungeheuere Material seiner Niederschriften und Notizen, seiner Sammlungen und Zeichnungen überblickt, ist ja immer wieder aufs neue von Bewunderung erfüllt, nicht nur für die Vielseitigkeit seines Interesses, für die unermüdliche Arbeitskraft, sondern vor allem auch für das überall erkennbare Bestreben, jeden Gedanken auf die breiteste Grundlage der Erfahrung zu stellen, das Beobachtungsmaterial auszubreiten und zu vervollständigen.

Trotzdem lag natürlich Goethe die Meinung fern, daß sich unser Natur-Erkennen mit der sinnlichen Wahrnehmung erschöpfe, daß es für uns überhaupt oder auch nur für unsere Naturforschung nichts geben solle, als was wir unmittelbar sehen, hören und tasten können. Davon vor allem war er durchdrungen, daß das richtige Beobachten selbst eine Kunst sei, die erlernt werden wolle und nicht leicht zu erlernen sei.

Was ist das Schwerste von allem? Was dir das Leichteste dünket:
Mit den Augen zu sehn, was vor den Augen dir liegt [27]).

In welchem Sinne aber, in welcher Weise über die Wahrnehmung hinaus oder von ihr weiter fortzuschreiten sei, darüber sind Goethes Ansichten nicht mit Einem Wort anzugeben, vor allem schon, weil sie ohne Zweifel eine gewisse Wandlung und Entwicklung erkennen lassen. Namentlich seine auf die Metamorphose der Pflanze bezüglichen Gedanken sind in dieser Hinsicht von Bedeutung und Interesse. Die botanischen Studien hatten ihn auf den Gedanken einer U r p f l a n z e [28]) geführt, eines Gebildes, in dem das allen Pflanzen Gemeinsame, namentlich auch der innere Zusammenhang ihrer verschiedenen Organe in einfachster, unmittelbar erkennbarer Weise gegeben wäre. Anfangs hatte er ohne Zweifel die Hoffnung, unter den unzähligen Formen auch eine solche Urpflanze als eine realiter existierende aufzufinden. Sehr bald jedoch begegnen wir dem gleichen Gedanken in der Form, daß es möglich sein muß und unsere Aufgabe ist, den einer Mannigfaltigkeit von Formen gemeinsamen T y p u s zu erkennen und darzustellen. Das Gesuchte brauchte nach dieser Auffassung keineswegs etwas unmittelbar zutage Liegendes, direkt Sichtbares zu bedeuten, sondern etwas, was durch reflektierende und vergleichende Betrachtung oder durch eine besondere Art der Anschauung, jedenfalls durch eine geistige Tätigkeit g e f u n d e n wird. Zutreffend sagte daher Schiller in jener Unterhaltung, über die Goethe selbst wiederholt berichtet hat: „D a s i s t k e i n e E r f a h r u n g, s o n d e r n e i n e I d e e", eine Bemerkung, von der Goethe zunächst betroffen war, deren Richtigkeit er aber allmählich immer mehr anerkannt hat. Daß also für eine erfolgreiche Naturforschung neben der sinnlichen Wahrnehmung noch eine andersartige Funktion, eine geistige Betätigung erforderlich sei, das hat Goethe sicherlich nicht verkannt. Von welcher Art nun des genaueren jene intellektuelle Tätigkeit sein dürfe oder müsse, darüber hat sich Goethe nicht allgemein ausgesprochen, und er mag wohl anerkannt haben, daß sie je nach dem Gegenstande und sonstigen Umständen verschieden sein kann. Immerhin ist beachtenswert, daß in Goethes eigener Forschung ein bestimmtes Verfahren eine beherrschende Bedeutung besitzt, bei dem auch dieser geistigen Verarbeitung eine ganz bestimmte Aufgabe vorgezeichnet ist. M a g n u s [29]) hat mit Recht darauf hingewiesen, wie Goethe überall bestrebt war, die Lücken und Sprünge, die die natürlichen Dinge und Vorgänge aufzuweisen scheinen, auszufüllen, die verbindenden Uebergänge aufzusuchen oder herzustellen. Goethe selbst spricht einmal von den U e b e r g ä n g e n als dem, „worauf doch alles ankomme" [30]).

Bei diesem Verfahren fällt nun auch der Schwerpunkt geistiger Verarbeitung in diejenige Funktion, die sich überall als die einfachste und natürlichste der sinnlichen Wahrnehmung anschließt. Denn diese besteht ohne Zweifel darin, aus der Fülle ähnlicher Einzeleindrücke, die sich ohne Unterbrechung aneinander reihen, den a l l g e m e i n e n B e g r i f f zu bilden, der sie alle umfaßt und dem sie sich unterordnen. So entstehen die einfachsten Begriffe von unmittelbar sinnlicher Bedeutung, wie etwa Linie und Ecke, Rot und Süß, Blatt und Baum, Hund und Pferd. Bedeutet nun aber jeder derartige Begriff auch wieder nichts anderes als die Summe einzelner Eindrücke, die sich ihm mit dem Gefühl einer unmittelbaren Selbstverständlichkeit unterordnen, so stehen wir auch mit der Bildung und dem Gebrauch solcher Begriffe noch ganz auf dem Boden der sinnlichen Wahrnehmung. Dem entspricht es auch, daß Goethe wohl geneigt ist, jene freilich unerläßliche psychische Verarbeitung des Wahrgenommenen als eine Sache des gesunden Menschenverstandes zu bezeichnen, als etwas also, worauf im allgemeinen ohne weiteres gerechnet werden darf.

Der engste Anschluß an die sinnlichen Wahrnehmungen war es also, was Goethe vor allem forderte, und wir bezeichnen hiermit das hervorstechendste Merkmal seiner Anschauungen über alles Naturerkennen.

Die große Bedeutung dieses Umstandes tritt erst hervor, wenn wir beachten, daß die neuere Naturforschung diesen Anschluß zum großen Teil aufgegeben hat, und daß eben hierauf der Gegensatz beruht, in dem sie vielfach zu Goethes Grundsätzen steht. Ziehen wir zur Erläuterung dieses Gegensatzes ein bestimmtes Beispiel heran, etwa die Verhältnisse des Lichts und des Sehens. Hier stellen wir uns die Dinge folgendermaßen vor. Der äußere Vorgang, in dem das Licht besteht, trifft unser Auge. Nach Maßgabe von dessen Einrichtungen löst er in der Netzhaut gewisse Veränderungen aus, die sodann Erregungsvorgänge im Sehnerven hervorrufen. Diese wiederum, in den Nervenbahnen zu einem bestimmten Teile des Gehirns fortgeleitet, geben dort, sei es nun durch Einwirkung auf die Seele oder wie sonst immer, den Anlaß zur Entstehung der optischen Empfindung. Die äußeren Vorgänge des Lichts, die sich daran schließenden physiologischen Vorgänge in der Netzhaut, im Sehnerven, im Gehirn, endlich die dadurch hervorgerufenen Empfindungen: diese drei ganz verschiedenen Dinge haben wir also jedenfalls auseinanderzuhalten. Diese ganze Betrachtung nun war zur Zeit Goethes wenigstens noch nicht so geläufig, wie sie es uns jetzt ist. Ihm war sie durchaus fremd. Zwar stand er wohl nicht auf dem Boden jener im strengsten Sinne als naiv bezeichneten Anschauung, der es als selbstverständlich gilt, daß die wahre Natur der Dinge, das letzte Wesen ihres Verhaltens durch unsere Sinne schlechtweg und unmittelbar erkannt werde. Wohl aber war er der Meinung, daß wir mittels der Sinne die Dinge erkennen, soweit sie uns überhaupt erkennbar sind, und daß ein Denken der Wirklichkeit in anderen als den den Sinneseindrücken entsprechenden Begriffen gänzlich verkehrt und fruchtlos sei. Der Gedanke z. B., daß ein zusammengesetzter äußerer Vorgang eine einheitliche Empfindung erzeugen könne, erscheint uns, auch wenn wir die Frage offen lassen, ob es sich tatsächlich so verhält, doch durchaus zulässig. Goethe war er so fremd und widerstrebend, daß er die zusammengesetzte Natur des weißen Lichts als einen Widerspruch gegen unsere sinnfälligste Erfahrung, als eine Absurdität empfand. Ihm schien selbstverständlich, daß dem Begriffe Licht oder Hell, wie eine einheitliche Empfindung, so auch ein einheitliches reales Wesen entsprechen müsse. — Um den Unterschied der uns geläufigen Betrachtung gegenüber derjenigen Goethes ganz richtig aufzufassen, müssen wir noch einiges Weitere hervorheben. Eine einfache Betrachtung scheint zu lehren, daß wir mit dem Worte Süß wohl eine Empfindung bezeichnen, die durch gewisse Körper unter Vermittlung unserer Schmeckorgane in uns hervorgerufen wird, nicht aber eine Eigenschaft, die jenen Körpern an sich zukommt. Es ist die Ausdehnung dieses Gedankens auf alle Arten von Empfindung, die dazu geführt hat, die Begriffe, in denen wir uns die uns umgebende Wirklichkeit denken, der sinnlichen Eigenschaften ganz zu entkleiden und sie auf ein abstrakt mathematisches oder mechanisches Material zu beschränken. Wir sprechen von Stoff, von Atomen, vom Lichtäther, von Elektronen als im Raum beweglichen Gebilden, deren besondere Eigenarten wiederum nur in den diese Bewegungen bestimmenden Gesetzen zu erblicken und die alle nicht Gegenstand einer direkten Wahrnehmung sind.

Will man den Unterschied der Goetheschen Anschauung gegenüber der jetzt herrschenden mit einem kurzen Wort bezeichnen, so kann man jene eine naiv-sinnliche, diese eine abstrakt-mathematische nennen.

Bestehen zwischen den Verfahrungsweisen Goethes und denen der modernen Naturwissenschaft gewisse Gegensätze, so erhebt sich natürlich die Frage, ob wir da in der Tat eine Unrichtigkeit oder doch eine Einseitigkeit von Goethes Ansichten anzunehmen haben, oder ob die Dinge nicht vielleicht umgekehrt liegen. Sind wir denn der Richtigkeit unserer Anschauungen so sicher? Wird nicht vielleicht eine weitere Vervollständigung unseres Wissens oder eine Vertiefung unserer Betrachtungen Anlaß geben, das anders anzusehen und zu der Denkweise Goethes zurückzukehren?

Natürlich kann ich nicht daran denken, diese Frage hier in einer erschöpfenden und auf den Grund gehenden Weise zu behandeln. Doch wird es für den gegenwärtigen Zweck genügen, einiges vorzugsweise Bedeutsame anzuführen. Vor allem das genauere Studium der S i n n e s w e r k z e u g e selbst und ihrer Tätigkeitsweise ist hier von entscheidender Bedeutung. Schon die unzweifelhafte Tatsache, daß es Vorgänge und Verhaltungsweisen gibt, die, wie die magnetischen und elektrischen, auf keines unserer Sinnesorgane direkt und in geordneter Weise einwirken, lehrt unzweideutig, daß uns in den Sinnen die Hilfsmittel zur Erkennung der Wirklichkeit keineswegs in der Vollständigkeit und Zulänglichkeit gegeben sind, wie Goethe dies meinte. Aehnliches ergibt sich aber auch daraus, daß manche Dinge unseren Sinnen zwar nicht vollständig entzogen, aber doch nur in eigenartig beschränkter Weise zugänglich sind. In der physiologischen Optik ist es eine grundlegende Tatsache, daß Lichter oder Lichtgemische, die sich im physikalischen Experiment ungleich verhalten, also objektiv sicher verschieden sind, unserem Auge genau den gleichen Eindruck erzeugen, daß sie für unseren Gesichtssinn ununterscheidbar sein können. Diese Tatsache ist jederzeit mit den einfachsten Hilfsmitteln erweisbar, sie würde, selbst wenn unsere Vorstellungen vom Wesen des Lichts sich noch einmal vollständig ändern sollten, davon in keiner Weise berührt werden. Nur in sehr beschränkter Weise also geben unsere Empfindungen die Mannigfaltigkeit äußeren Geschehens wieder. — Diese und ähnliche Tatsachen lehren, daß jener unmittelbare Anschluß unseres Wirklichkeitsdenkens an die Sinneseindrücke, den Goethe verlangte, eine ganz unerfüllbare Forderung darstellt. Eine Chemie, die die Körper nur nach ihren Geschmacksqualitäten bezeichnete, also nur süße, salzige, saure usw. unterschiede, ist unmöglich, weil die verschiedensten Körper auf den Geschmackssinn gleich wirken. Ganz ebenso ist eine Optik undenkbar, die die objektiven Vorgänge des Lichts lediglich nach Maßgabe unserer Sehempfindungen bezeichnen wollte. Wir sind vielmehr durchaus genötigt, die äußeren Vorgänge in anderen, selbständigen Begriffen zu denken.

Werden wir durch diese Umstände jedenfalls auf einen anderen als den von Goethe geforderten Weg hingewiesen, so können wir aber auch hinzufügen, daß das allmählich in naturgemäßem Fortgang entwickelte Verfahren, die abstrakt-mathematischen Begriffe heranzuziehen, sich als fruchtbar und erfolgreich erwiesen hat. Denn der erstaunliche Aufschwung, den die Naturwissenschaften in den letzten hundert Jahren genommen haben, hängt, wenigstens für einen großen Teil derselben, gerade mit der Heranziehung abstrakt-theoretischer Begriffe zusammen. Wie sehr dies der Fall ist, kann hier nicht im einzelnen verfolgt werden. Es mag genügen, wiederum auf einige Beispiele hinzuweisen. Wie der theoretisch definierte Begriff allmählich gegenüber dem nach sinnlichen Eigenschaften bestimmten ins Uebergewicht kommt und diesen zurückdrängt, das zeigt sich besonders deutlich in der Chemie. Für die naive Naturbetrachtung ist, wie vorhin schon bemerkt, jeder Körper, der Zucker und das Salz, der Alkohol und das Oel, durch gewisse sinnliche Eigenschaften charakterisiert. Für den Chemiker stehen diese Eigenschaften an zweiter Stelle. Jeden der unzählbaren Körper, die uns namentlich die organische Chemie kennen gelehrt hat, denkt er sich in erster Linie als in bestimmter Weise zusammengefügte Atomkomplexe. Natürlich ist ihm klar, daß die Bedeutung aller dieser Formeln darin besteht, daß sie einen geordneten Zusammenhang beobachtbarer Erscheinungen bedeuten, daß sie ohne eine solche Anknüpfung an das sinnlich Wahrnehmbare inhaltlose Fiktionen sein würden. Allein diese sehr mannigfaltigen und verwickelten Anknüpfungen stehen doch an zweiter Stelle. Den eigentlichen Kern des chemischen Begriffs bildet jene t h e o r e t i s c h e Vorstellung: sie ist der Kern, um den alles andere sich gruppiert und ankristallisiert.

Auch auf das in methodischer Hinsicht besonders eigenartige Gebiet der Sinnesphysiologie mag hier noch ein Blick geworfen werden. Sobald wir die äußeren, auf unsere Sinnesorgane einwirkenden Vorgänge in theoretischen Begriffen denken, erhebt sich als Hauptfrage die, w i e d i e E m p f i n d u n g e n v o n d e r A r t d e r d i e S i n n e s o r g a n e t r e f f e n d e n V o r g ä n g e a b h ä n g e n. Diese Frage hat sich speziell für den Gesichtssinn durch die Aufweisung einer Gesetzmäßigkeit beantworten lassen, die zwar von einem strengen und einfachen Parallelismus ganz verschieden, aber doch relativ einfach und vollkommen durchsichtig ist. Ein Denken der Wirklichkeit n i c h t im unmittelbaren Anschluß an unsere Sinne, sondern in abstraktmathematischen Begriffen müssen wir also unbedingt als zulässig, für die Vorgänge der unbelebten Natur, die auf unsere Sinne einwirken, als unerläßlich in Anspruch nehmen. Damit erklärt sich denn auch sogleich, daß die Bedeutung des Mathematischen überhaupt weit über dasjenige Maß hinausgeht, das Goethe ihm zuzugestehen geneigt war. Das Experiment unter künstlichen, d. h. einfachen und mathematisch definierbaren Bedingungen, das ihm so verhaßt war, die stille, von der mathematischen Hypothese ausgehende Denk- und Rechenarbeit, die ihm so nutzlos und unfruchtbar dünkte: sie haben an der glänzenden Entwicklung der Naturwissenschaften ihren vollgemessenen Anteil, ja, sie bilden ganz eigentlich ihr Rückgrat[31]). Geben wir ferner zu, daß die erkenntnis-kritischen Bestrebungen noch nicht zu völlig gesicherten, allgemein anerkannten Ergebnissen geführt haben, so kann doch darüber kein Zweifel bestehen, daß die Naturforschung auch in dieser Hinsicht einer Vertiefung bedarf, die sich mit dem unbefangenen Zutrauen in unsere Sinneswahrnehmungen nicht begnügen kann, und daß wir die unserem Wirklichkeitserkennen gesteckten Grenzen durch den Begriff der U r p h ä n o m e n e nicht als genügend bezeichnet anerkennen können.

Auch ohne uns einer anmaßlichen Ueberhebung schuldig zu machen, dürfen wir also behaupten, daß Goethes Anschauungen vom Naturerkennen ein gewisses Maß von Unvollständigkeit und Einseitigkeit anhaftet, das uns über sie hinauszugehen und von ihnen abzuweichen nötigt. Es geziemt sich, wie mir scheint, nicht, diese Tatsache zu verkleinern oder zu verdunkeln. Aber wir dürfen sie auch keineswegs überschätzen, und es wäre gewiß sehr verkehrt, wenn wir uns die freudige Bewunderung für Goethes naturforscherische Begabung oder auch für seine auf diesem Gebiete liegenden Leistungen und Erfolge dadurch beeinträchtigen ließen. Zunächst ist ja das von Goethe abgelehnte Verfahren, wenn auch unentbehrlich, doch nicht das allein berechtigte, auf dessen Gebrauch wir überall angewiesen wären. Ganze Gebiete der Naturforschung, vor allem große Teile der Biologie, sind ihm vorderhand überhaupt nicht, andere nur in sehr beschränkter Weise zugänglich. Die Geschichte aller Wissenschaften lehrt ferner, daß gerade die großen bahnbrechenden Gedanken fast nie sogleich in der Form ausgesprochen wurden, wie sie in späterer Zeit festgehalten werden. Wer aber wollte den Wert großer Entdeckungen darum unterschätzen, weil sich später Ergänzungen oder Abänderungen des ursprünglich Gemeinten als notwendig herausgestellt haben. So ist es verständlich, daß diejenigen Gaben, die Goethe besaß: eine wunderbar genaue, sorgfältige Beobachtung, der scharfe Blick für das Gleichartige und Zusammengehörige, ein unermüdlicher, von einer leidenschaftlichen Hingebung getragener Fleiß, vor allem aber jenes Undefinierbare, das wir die glückliche Kombination, den ahnungsvollen Blick des Genies nennen, vollauf genügten, um ihn zu einem Naturforscher zu machen, den wir den hervorragendsten und auch den erfolgreichsten zuzählen dürfen. Dies wird durch einen Blick auf die Hauptfelder seiner Forschung leicht bestätigt. Die Metamorphose der Pflanze, d. h. der genetische Zusammenhang aller sogenannten Seitenorgane, ihre Zurückführung auf den Typus des Blattes, ist ein Gedanke von größter Fruchtbarkeit, der noch jetzt im Goetheschen Sinne für zutreffend gehalten wird, und den wir auch kaum Anlaß haben, anders zu formulieren, als es seinerzeit von ihm geschehen ist. — Der innere Zusammenhang der ganzen belebten Natur erscheint uns im Lichte der Abstammungslehre sehr anders, als Goethe ihn sah [32]). Dadurch wird der Fortschritt nicht gemindert, den es bedeutete, wenn Goethe als einer der ersten die belebte Natur nicht als eine Summe durch strenge Schranken geschiedener Einzelformen, sondern als ein durch fließende Uebergänge zusammenhängendes Ganzes betrachtete. In der Lehre vom Sehen konnte diejenige Frage, die für uns jetzt im Mittelpunkt des Interesses steht: wie die Empfindungen von den äußeren, sie hervorrufenden Vorgängen abhängen, von Goethe gar nicht aufgeworfen werden. Denn sie hat zur Grundlage eine strenge Auseinanderhaltung der objektiven und der subjektiven Verhältnisse. Eben dies aber ist der Gedanke, der Goethe fremd war, ja grundsätzlich von ihm abgelehnt wurde. Und so kann man wohl sagen, daß die ganze moderne Sinnesphysiologie sich auf einer Grundlage aufbaut, die mit Goethes Grundsätzen im Widerspruch steht. Gleichwohl hat Goethe eine der bemerkenswertesten Eigenschaften unseres Sehorgans aufgefunden. Die optischen Empfindungen bewegen sich in den Gegensätzen des Hell und Dunkel, des Rot und Grün, des Gelb und Blau. Und das Auge ist so eingerichtet, daß die Betätigung in dem einen Sinne gewissermaßen als Ausgleich die entgegengesetzte hervorruft. So wird die Empfindung des Dunkels von der des Hellen, die des Rot von der des Grün, wie Goethe sagte: „g e f o r d e r t". Auch hier freilich hat sich der Standpunkt mehr oder weniger verschoben. Goethe nahm wohl diese Ausgleichung entgegengesetzter Betätigungen als eine fundamentale, weiterer Erklärung nicht bedürftige Eigenschaft des Sehorgans. Uns scheint jetzt die Frage geboten, auf welchen Einrichtungen dieses Wechselspiel beruht, eine Frage, die sich zum Teil in befriedigender Weise beantworten läßt, zum Teil noch ihrer endgültigen Lösung harrt. Aber wie schon vielfach gezeigt und jüngst noch wieder von R a e h l m a n n dargetan worden ist, hat Goethe eine sicher überaus bedeutungsvolle Eigenschaft unseres Sehorganes völlig zutreffend erkannt und damit Ordnung und Uebersicht in eine große Gruppe mannigfaltiger Erscheinungen gebracht [33].

Endlich aber wäre es ja sehr verkehrt, wenn wir die Bedeutung eines Forschers ausschließlich nach dem positiven Nutzen bewerten wollten, der dem Fortgange der Wissenschaft aus seinen Bestrebungen erwachsen ist. Mit Recht ist darauf hingewiesen worden, wie in manchen von Goethes Aussprüchen naturwissenschaftliche Anschauungen, die uns jetzt von höchster Bedeutung sind, gewissermaßen vorgeahnt und, wenn auch nur in unbestimmten Umrissen, vorgezeichnet erscheinen. Ob diese Gedanken zur Auffindung jener uns jetzt so wichtigen Tatsachen hingeleitet haben oder auch nur hinleiten konnten, das kann sehr bezweifelt werden. Damit ist aber vereinbar, daß wir in ihnen die Bekundung eines erstaunlich weiten, man möchte sagen prophetischen Blickes bewundern dürfen [34]).

Die Unvollständigkeit oder Einseitigkeit, die sich in Goethes Ansichten vom Naturerkennen bemerkbar macht, hat ihn also nicht gehindert, Erfolge von höchster Bedeutung in der Forschung zu erringen. Um sie in richtiger Weise zu würdigen, müssen wir nun aber beachten, wie tief gerade diese Ueberzeugungen in Goethes V e r a n l a g u n g begründet waren, und wie eng sie mit seiner ganzen W e l t a n s c h a u u n g verknüpft waren. Hier darf an erster Stelle erwähnt werden, daß ihm die Fähigkeit sinnlicher Wahrnehmung, zumal in der wichtigsten Hinsicht, in ganz ungewöhnlichem Maße verliehen war; ich meine seine o p t i s c h e V e r a n l a g u n g, seine Fähigkeit zu s e h e n und das Gesehene in treuer Erinnerung festzuhalten. Er war sich dieser Begabung als einer das durchschnittliche Maß weit übertreffenden wohl bewußt. „Ich bin", so sagt er einmal, „hinsichtlich meines sinnlichen Auffassungsvermögens so seltsam geartet, daß ich alle Umrisse und Formen aufs schärfste und bestimmteste in der Erinnerung behalte" [35]). Und bei anderer Gelegenheit sagt er, er habe die Natur bis in ihre kleinsten Details nach und nach auswendig gelernt. „Das Auge", so berichtet er in ‚Dichtung und Wahrheit', „war vor allen anderen das Organ, womit ich die Welt erfaßte" [36]). Und was das Sehen für Goethe bedeutete, klingt uns vielleicht am schönsten aus dem Liede des Lynkeus entgegen:

> Ihr glücklichen Augen,
> Was je ihr gesehn,
> Es sei, wie es wolle,
> Es war doch so schön!

Die glückliche Anlage aber hat Goethe durch unablässige Schulung und Uebung zu höchster Vollendung ausgebildet.

Bedenkt man, wie er als Naturforscher, wie er Kunstwerke zu sehen verstand, namentlich auch, wie er bei seinen Reisen beobachtete, so kann man ihn wohl einen Meister des Sehens nennen. Es ist daher wohl begreiflich, daß für Goethe das Sehen der Grundstein alles Natur-Erkennens war, daß er es allem anderen weit vorausstellte. Dies war der Boden, auf dem er sich im Gefühle unübertreffbarer Meisterschaft mit voller Sicherheit bewegte [37]).

Vielleicht nicht minder bedeutsam als diese positive Seite seiner Veranlagung war aber eine negative. Goethe war, wie bekannt, kein Mathematiker. Die Befähigung, sich der mathematischen Begriffe mit Leichtigkeit und Sicherheit zu bedienen, war ihm nicht verliehen; mindestens fehlte ihm durchaus Sinn und Neigung dafür [38]).

Ich glaube, daß die Bedeutung dieses Umstandes für Goethes ganze Denkweise kaum hoch genug veranschlagt werden kann. Bekanntlich wurde Goethe schon bei seiner ersten optischen Beobachtung, die ihn für alle Zeiten zum Gegner der Newtonschen Lichttheorie machte, das Opfer eines mathematischen Irrtums. Je höher man Goethe verehrt, um so schmerzlicher fühlt man sich bewegt, wenn man liest, wie er, eine weiße Wand durch ein Prisma betrachtend, der Meinung war, der Newtonschen Theorie zufolge erwarten zu müssen, daß die ganze Wand nun über und über von den buntesten Farben erfüllt sein würde. Daß auch der Newtonschen Lehre gemäß die Farben (wie es tatsächlich der Fall ist) nur an den Rändern auftreten können, wollte ihm nicht einleuchten, und keinem der zahlreichen Physiker, mit denen er den Gegenstand besprach, ist es gelungen, ihn davon zu überzeugen. — Indessen ist die positive Täuschung, in der sich Goethe hier befand, keineswegs die wichtigste Folge seiner unmathematischen Denkweise. Der Wert der mathematischen Begriffe besteht ja vornehmlich darin, daß sie uns eine absolut genaue, von jeder Unbestimmtheit freie Erfassung und Darstellung der Wirklichkeitsgesetze gestatten. In der Gewinnung einer solchen, namentlich den Ablauf alles Geschehens bis ins kleinste Detail bestimmenden Gesetzmäßigkeit erblicken wir die höchste Aufgabe alles Naturerkennens. Und offenbar besteht hier ein wechselseitiger Zusammenhang. Wer sich die Ermittelung strenger Gesetzmäßigkeit zur Aufgabe macht, dem werden die mathematischen Begriffe als ein so weit nur immer möglich zu erstrebendes Ideal vorschweben. Aber auch umgekehrt wird der Einblick in völlig präzise Gesetzmäßigkeiten gerade dem und wohl nur dem in vollem Maße ein höchstes Ziel darstellen, dem die Beschäftigung mit den mathematischen Begriffen eine lebendige Anschauung von dem hier zu Erreichenden vermittelt, während für denjenigen, dem die mathematischen Begriffe ungewohnt, schwierig oder gar zuwider sind, auch die Forderung einer Gesetzmäßigkeit ganz andere Formen annimmt. Dies war sicher für Goethe der Fall. Die Aufgabe, Gesetze des Geschehens in unserem Sinne aufzufinden, war ihm gewiß nicht fremd. Vielfach hat er sich mit solchen Aufgaben ganz in unserem Sinne beschäftigt. Daß wir in der Erscheinungen Flucht den ruhenden Pol zu suchen haben, das galt auch für ihn. Aber diese Aufgaben besaßen für ihn doch keineswegs die beherrschende Bedeutung, die sie gegenwärtig für uns haben. Und so genügte es ihm, Verhaltungsweisen verwirklicht zu sehen, die in mehr ästhetischem Sinne eindrucks- und bedeutungsvoll sind, eine das Mannigfaltige beherrschende Einheit, ein einem Ziel zustrebendes Aufsteigen, ein Wechselspiel der Gegensätze, in der belebten Natur den Widerstreit des sich erhaltenden Typus mit den von außen auf ihn eindringenden, umgestaltenden Kräften und dergleichen. Wie Goethe hier empfand und dachte, lehren vielleicht am deutlichsten die Verse in der ‚Metamorphose der Tiere':

> Dieser schöne Begriff von Macht und Schranken, von Willkür
> Und Gesetz, von Freiheit und Maß, von beweglicher Ordnung,
> Vorzug und Mangel erfreue dich hoch; die heilige Muse
> Bringt harmonisch ihn dir, mit sanftem Zwange belehrend.

In der Farbenlehre hielt Goethe zwar eine Ergänzung seiner Experimente durch messende Beobachtungen und seiner Theorie durch mathematische Ausgestaltung für wünschenswert. Aber er erblickte darin doch nur Hinzufügungen von untergeordneter Bedeutung, so daß er sie getrost andern überlassen zu dürfen glaubte. Daß man den Prüfstein für die Richtigkeit und Brauchbarkeit seiner Theorie gerade darin finden könnte, ob sie eine solche Ergänzung überhaupt gestattete und ob sie auch in diesem erweiterten Sinne von den Erscheinungen Rechenschaft zu geben vermochte: diesen Gedanken hätte er gewiß weit von sich gewiesen.

Das Vorhandensein oder Fehlen des mathematischen Sinnes bedeutet also, wenn beides in starker Ausprägung gegeben ist, nicht bloß, daß der eine etwas kann, was dem andern schwer oder unmöglich ist, daß dem einen etwas Freude macht, woran der andere kein Gefallen findet. Es bedeutet vielmehr einen tiefgreifenden, wohl nie ganz auszutragenden Gegensatz wissenschaftlichen Denkens. Was der eine für befriedigend und abschließend hält, erscheint dem andern schwankend, unbestimmt und daher nur provisorisch brauchbar. Was aber dieser erstreben zu müssen glaubt, erscheint jenem als ein gar nicht besonders begehrenswertes, vielleicht ganz unerreichbares und grundsätzlich falsch gestecktes Ziel.

Als einen nicht minder bedeutsamen Punkt müssen wir sodann anführen, daß Goethe ganz ähnlich wie zu der Mathematik, so auch zu all dem, was wir jetzt erkenntniskritische Erwägungen nennen, nach Maßgabe seiner ganzen, von Haus aus gegebenen Veranlagung mindestens in keiner Weise sich hingezogen fühlte. Freilich, in einer Zeit, wo die Untersuchungen K a n t s alle Geister aufs lebhafteste beschäftigten, konnte auch Goethe sich diesen Bestrebungen nicht einfach verschließen. Zudem wurden sie ihm durch den Verkehr mit S c h i l l e r noch ganz besonders nahe gebracht. Und so besitzen wir denn auch Aeußerungen genug, die lehren, daß er sich mit ihnen ernsthaft beschäftigt hat und es nötig fand, sich mit ihnen abzufinden. Allein ebensowenig kann darüber Zweifel bestehen, daß gerade diese Untersuchungen, deren Hauptergebnis doch die starke Betonung der Subjektivität alles Erkennens ist, etwas seinem Wesen Fremdes blieben, was er sich nicht anzueignen, was er seinem Gedankenkreise nicht einzuordnen vermochte. Sie in erster Linie gehörten zu dem, wofür er, wie er selbst sagt, kein Organ hatte [39]). Und scherzend rühmt er [40]):

>Mein Kind! ich hab' es klug gemacht:
>Ich habe nie über das Denken gedacht.

Gewiß waren die erwähnten Besonderheiten in Goethes eigener Veranlagung wohl geeignet, seine Meinungen und Grundsätze hinsichtlich menschlichen Erkennens in bestimmte Bahnen zu lenken. Daneben kam aber ohne Zweifel noch etwas ganz anderes in Betracht. Auch seine Anschauungen über menschliches Forschen und Erkennen ordneten sich seinen ganz allgemeinen Ueberzeugungen von Welt und Wirklichkeit, vor allem von der Stellung des Menschen in der Natur, harmonisch ein und können wohl nur in diesem Zusammenhange ganz verstanden und gewürdigt werden. Das stand ihm vor allem fest, daß uns diejenigen Hilfsmittel, deren wir zur Erkennung der Wirklichkeit bedürfen, auch gegeben sind. Von ihnen haben wir den durch ihre Natur vorgeschriebenen Gebrauch zu machen, um zur Erkenntnis zu gelangen, d. h. eben auch wieder zu derjenigen Art der Erkenntnis, die unserer Natur gemäß ist. Diese Hilfsmittel erblickte er in den S i n n e s o r g a n e n. Und so ist es denn der ausgedehnteste Gebrauch der Sinne, das Wahrnehmen und Beobachten, was uns obliegt. So ist er überzeugt, daß die Natur „kein Geheimnis birgt, das sie nicht irgendwo dem aufmerksamen Beobachter nackt vor die Augen stellt" [41]). Die Zuverlässigkeit und die Zulänglichkeit unserer Sinne bildet für ihn die Grundlage alles Naturerkennens. Sie wird er nicht müde zu betonen. So widerstrebt es ihm schon, wenn von Sinnestäuschungen gesprochen wird [42]). Und er glaubt hervorheben zu müssen, daß sich z. B. auch in den Erscheinungen des Kontrastes ein völlig gesetzmäßiges Verhalten unseres Sehorgans ausdrückt. So widerstrebt ihm die Benutzung von Fernrohren und Vergrößerungsgläsern [43]), mehr noch das Experiment unter gekünstelten Bedingungen. — Genügt nun der naturgemäße Gebrauch der uns verliehenen Gaben, um zu der uns angemessenen Erkenntnis zu gelangen, so ist es anderseits verkehrt und vergeblich, nach anderen Arten der Erkenntnis oder über die uns gesteckten Grenzen hinaus zu streben. Was die Natur uns nicht offenbaren will, d. h. was sie uns nicht als Wahrnehmbares vor Augen stellt, das ist ihr auch mit Hebeln und Schrauben nicht abzuzwingen. Auch die unserem Erkennen gesteckten Grenzen sind durch gewisse einfachste und bedeutungsvollste Wahrnehmungen gegeben. „Die höchsten Gesetze offenbaren sich nicht durch Worte und Hypothesen dem Verstand, sondern durch Phänomene dem Anschauen" [44]). Dies sind die Urphänomene, von denen die Entstehung der Farben aus Hell und Dunkel eines ist. Und es ist beachtenswert, wie Goethe in den Urphänomenen nicht allein eine unserem Erkennen gesteckte Grenze, sondern im alleralgemeinsten Sinne etwas Endgültiges, keine weitere Zurückführung oder Erklärung Gestattendes erblickt. Nicht nur für uns ist es töricht und vergeblich, uns über sie den Kopf zu zerbrechen; sie sind es, wie er einmal sagt, „von denen auch die Gottheit nicht mehr weiß als ich". Den letzten Grund für diese Art des Wirklichkeitserkennens aber war er wohl geneigt, in einer Uebereinstimmung, einer Wesensgleichheit unserer Sinne mit der durch sie aufzufassenden Wirklichkeit, in der Sonnengleichheit des Auges zu erblicken.

Wenn ferner Goethe auch anerkannte, daß unsere sinnlichen Wahrnehmungen erst durch eine sich anschließende geistige Betätigung wertvoll und brauchbar gemacht werden, so war er doch wiederum auch der Meinung, daß eine ganz bestimmte Art solcher geistiger Verarbeitung die unserm Erkenntnisvermögen angemessene und naturgemäß vorgezeichnete sei, und daß nur diese uns zu richtigen und wertvollen Ergebnissen führe. Dieses Verfahren erblickte er in dem Erkennen des Gleichartigen, der Zusammenfassung des Aehnlichen. Dies ist es, was namentlich bei der Betrachtung der belebten Natur uns zu der Erfassung des T y p u s , der I d e e führt. War ferner das, was wir den Typus nennen, in gewissem Sinne eine Hervorbringung unserer geistigen Tätigkeit, so war doch damit keineswegs die Meinung verknüpft, daß es sich dabei um eine rein subjektive, etwa unserem Gedächtnis zu Hilfe kommende, aber mehr oder weniger willkürliche Betrachtung handle. Mit dem, was sich uns als ein einheitlicher Typus darstellt, schien ihm auch das bestimmende und beherrschende Prinzip der belebten Welt selbst erkannt und in seinem tiefsten Wesen erfaßt. Die Zurückführung auf einen einheitlichen Typus bedeutete zwar zunächst einen Einblick in die der Natur innewohnende Ordnung. Sie gab aber auch zugleich die Grundlage für das Verständnis alles biologischen Geschehens ab. Denn in diesem war überall das Widerspiel jenes fest gegebenen und sich unveränderlich erhaltenden Typus und der äußeren umgestaltenden Kräfte und Einflüsse zu erblicken. Ganz ebenso also, wie zunächst der unmittelbaren sinnlichen Wahrnehmung, so wird nun auch dem, was sich durch eine höhere geistige Tätigkeit, d. h. wohlgemerkt die normale und naturgemäße, ergibt, der Idee, dem Typus eine maßgebende Bedeutung in der objektiven Wirklichkeit zugeschrieben.

Erst aus diesem Punkte ist auch Goethes Abneigung gegen das Verfahren der mathematischen Physiker ganz zu verstehen. Unsere Wahrnehmungen lehren uns etwas Bestimmtes über das Verhalten unserer Umgebung zunächst in den sinnlichen Begriffen, nicht aber in jenen andern, erst durch einen Denkprozeß erzeugten. Was wir also über das Verhalten solcher gedachter Gebilde aussagen, ist niemals unmittelbares Ergebnis der Wahrnehmung, sondern es ist in einer ganz andern Weise erschlossen, es trägt den Charakter der Annahme, der Theorie, der Hypothese, mit der wir den festen Boden der Erfahrung verlassen. Demgemäß müssen ja denn auch stets die Ergebnisse solcher Annahmen durch ein deduktives Verfahren in möglichster Vollständigkeit entwickelt und an der Erfahrung geprüft werden. Hierdurch erhält das ganze Verfahren einen Charakter der U n s t e t i g k e i t , des S p r i n g e n d e n , der in vollem Gegensatz zu dem gleichmäßigen Fortschreiten steht, das Goethe für geboten hielt. Alle diese Dinge muß man im Auge behalten, um Goethes leidenschaftliche Abneigung gegen das Verfahren der Mathematiker zu verstehen. Durch ersonnene Annahmen mit weitem Sprunge den gesicherten Tatsachen vorauszueilen und sich dann gewissermaßen wieder rückwärts zu bewegen, das hieß für ihn recht eigentlich, die Dinge am verkehrten Ende anpacken. Und es mußte ihm um so törichter erscheinen, je fester er davon überzeugt war, daß ein naturgemäßer Gebrauch unserer Erkenntniskräfte in stetigem Fortgange uns dahin bringe, die Wirklichkeit zu erkennen, wie und soweit sie uns eben erkennbar ist.

Daß wir uns auf den hier gewiesenen Weg unmöglich beschränken können, daß unsere erkenntniskritischen Bedürfnisse durch jene Lehre mindestens nicht endgültig befriedigt werden, wurde vorhin gezeigt und sei nochmals hervorgehoben. Nicht minder aber dürfen wir betonen, daß Goethes Auffassung von der Aufgabe und Methode unseres Naturerkennens durch ihren großen Zug höchst imponierend, durch ihre harmonische Geschlossenheit überaus anziehend ist, daß sie und nur sie in sein ganzes Wesen hineinpaßte. Wer könnte sie anders denken, wer wollte sie anders wünschen!

Die dargelegten Umstände machen Goethes Lehre vom Natur-Erkennen zu einem der interessantesten und eigenartigsten Kapitel seiner Psychologie. Es gibt wohl nur noch einen Teil derselben, der von ähnlicher Bedeutung ist. Und von diesem, über den ich mich sehr viel kürzer fassen kann, soll hier noch die Rede sein. Es handelt sich hier um das Verhältnis der beiden Hauptseiten menschlichen Seelenlebens, des Denkens, Vorstellens, Wissens auf der einen, des Wollens und Handelns auf der anderen Seite. Wir kommen hiermit auf einen Punkt, dem offenbar Goethe selbst größte Bedeutung beigemessen hat, und den wir daher besonders häufig und mit besonderem Nachdruck erwähnt finden. Seine ganze Auffassung menschlichen Wesens ist beherrscht durch die Anschauung, die das I n t e l l e k t u e l l e dem P r a k t i s c h e n unterordnet, die im H a n d e l n, in der B e t ä t i g u n g den eigentlichen Kern, das maßgebende Wesen menschlicher Natur erblickt.

„Im Anfang war die Tat." Mit dem Gefühl plötzlicher Erleuchtung entscheidet sich Faust für diese Uebertragung der Anfangsworte des Johannes-Evangeliums. Und in diesem Zeichen steht Goethes ganze Psychologie. „Wie kann man sich selbst kennen lernen? Durch Betrachten niemals, wohl aber durch Handeln. Versuche deine Pflicht zu tun, und du weißt gleich, was an dir ist" [45]. Daher kann auch der Charakter nur im Strome der Welt heranreifen, da also, wo der einzelne nicht in der stillen Beschauung verharrt, die für die Entwicklung künstlerischer Befähigungen genügen mag, sondern wo er im Kampf und Widerspiel entgegengesetzter Bestrebungen selbst einzugreifen, sich zu behaupten und durchzusetzen, für das ihm Wertvolle handelnd einzutreten hat. So sehr ist Goethe geneigt, dies in den Vordergrund zu stellen, daß er, wie wir es einmal ausgesprochen finden, in der übermäßigen Feinheit sittlicher Empfindung geradezu eine Gefahr erblickt, da sie leicht dahin wirken könne, die Freudigkeit des Handelns, die Frische des Entschlusses zu lähmen [46]). Noch greifbarer tritt uns die gleiche Anschauung entgegen, wenn Faust, nachdem er alles durchgekostet hat, was den Menschen zu reizen, zu locken, zu erfreuen und doch nicht dauernd zu befriedigen vermag, am Ende seines Lebens in der Nutzen schaffenden Arbeit das findet, was ihn allein wahrhaft beglückt.

Nicht nur in dieser ganz allgemeinen Weise, sondern auch in zahlreichen besonderen Hinsichten gilt diese Bedeutung des Praktischen, so namentlich auch für Lernen und Ausbildung in intellektueller und in künstlerischer Hinsicht. Wir können dies schon aus mannigfaltigsten Aussprüchen, besonders anschaulich aber auch aus seiner eigenen Lebens-, führung entnehmen. „Wir behalten von unseren Studien" sagt er einmal zu Eckermann, „doch nur das, was wir praktisch anwenden" [47]). Ihm selbst hätte es durchaus widerstrebt, sich mit irgendeinem Gegenstande lediglich in rezeptiver Weise zu beschäftigen. Ueberall drängte es ihn zum tätigen Angreifen. So trieb es ihn auf jedem Gebiete der Naturforschung nicht nur zum Beobachten, sondern zum Sammeln und vor allem zum Experiment. So erschien ihm aber namentlich auch für die Beschäftigung mit der Kunst die eigene Ausübung unerläßlich.

Gerade an den zuletzt besprochenen Gegenstand können wir noch einige allgemeinere, nicht nur Goethes Psychologie, sondern seine ganze Naturforschung betreffende Bemerkungen knüpfen. Jene führende Bedeutung des Praktischen ist bei Goethe doch weniger eine naturwissenschaftliche oder metaphysische Ueberzeugung, als vielmehr eine s i t t l i c h e F o r d e r u n g. Handeln und Arbeiten macht zwar den eigentlichen Kern unseres Wesens aus; aber es ist vor allem auch unsere vornehmste Aufgabe, unsere Bestimmung, unsere Pflicht. Es ist die nämliche Denkweise, die sich auch darin kundgibt, daß, wie vorhin schon bemerkt wurde, die ganze Psychologie Goethes nach pädagogischen Gesichtspunkten orientiert ist. Ueberall ist die Frage, wie und was wir s i n d, mit der, was wir s o l l e n, aufs engste verknüpft. Etwas Aehnliches gilt aber für seine gesamte Naturbetrachtung. Nichts ist für sie charakteristischer als die enge Beziehung, in der die Ergebnisse der Forschung zu seinen allgemeinsten und höchsten Ueberzeugungen, zu seiner gesamten Weltanschauung treten. In der Entwicklung jedes Lebendigen erblickte er das Widerspiel der darauf eindringenden äußeren, umgestaltenden Kräfte und eines ihm unvergänglich innewohnenden Wesens. In dem engen Zusammenhange, in dem die Einzelformen der belebten Natur sich ohne Sprung und Lücke aneinanderschließen, bekundete sich für ihn eine die ganze belebte Welt durchdringende innere Einheit. Man hat Goethes Weltauffassung eine pantheistische genannt. Gewiß mit Recht, wenn wir dies Wort in weiterem Sinne nehmen. Sicher ist, daß für ihn überall die Naturerkenntnis in Einsichten von solcher Größe und Höhe gipfelte, daß ihnen die Bedeutung von religiösen Ueberzeugungen zukam, wie denn auch andererseits seine religiöse Denkweise, seine Anschauungen von Gott und Welt sich von seinen naturwissenschaftlichen Ideen nicht absondern lassen. So besaß das, was sich dem Auge des Naturforschers enthüllte, eine Bedeutung, die über den Wert einer naturwissenschaftlichen Tatsache oder auch eines Naturgesetzes weit hinausging, die tief in seine Weltanschauung eingriff. Nur so wird das Gefühl hoher Beglückung verständlich, das ihn erfüllte, als die Entdeckung des menschlichen Zwischenkieferknochens die Kluft überbrückte, die zwischen dem Knochenbau des Menschen und der Tiere anscheinend bestanden hatte. Dieser tiefe und mächtige Widerklang ist es ja, der manchen seiner naturwissenschaftlichen Darstellungen, wie besonders der ‚Metamorphose der Pflanzen', ihren einzigartigen Zauber verleiht. — Vergegenwärtigen wir uns diese Seite der Goetheschen Naturforschung, so fällt auf, wie wenig sie mit jener Auffassung von der Aufgabe der Naturwissenschaft, von der wir ausgingen, in Einklang steht. Eine Forschung, die unter Ausschaltung aller Wertgesichtspunkte lediglich nach der strengsten Erkenntnis der Gesetzmäßigkeiten strebt, die in der abstrakt mathematischen Formulierung ihr Ideal erblickt: dem entspricht wohl der Standpunkt jenes französischen Mathematikers, der auf die Frage, warum in seiner Himmelsmechanik Gottes keine Erwähnung geschehe, die kühle Antwort gab: er habe dieser Hypothese nicht bedurft. Aber wie schal und unbefriedigend würde diese Zielsetzung Goethe erschienen sein, wie fremd war sie seinem Wesen! Und denken wir an die strenge Lehre K a n t s , daß all unser Erkennen an die unserm Geiste eignen Formen unweigerlich gebunden ist, daß wir vergeblich danach streben, das von unserer Subjektivität abgelöste eigentliche Wesen der Welt, das „A n s i c h" der Dinge zu erfassen: können wir uns einen schrofferen Gegensatz dazu denken als die Anschauung dessen, der sich selbst als zugehörigen und gleichartigen Bestandteil der ganzen Natur empfand, der sich bewußt war, „in ihre tiefe Brust wie in den Busen eines Freunds zu schauen", dem als höchstes und nicht unerreichbares Ziel vorschwebte, daß sich Gott-Natur ihm offenbare.

Auch hier also klaffen Gegensätze. Aber auch hier sollten

wir diese zwar in keiner Weise bemänteln oder abschwächen, ebensowenig jedoch ihre Bedeutung übertreiben. Ohne Widerspruch darf zunächst der Naturforscher betonen, daß er mindestens seine Alltagsaufgabe nüchtern und poesielos in Angriff zu nehmen verbunden ist, und daß für sie wie für alles Wirklichkeits-Erkennen die lediglich auf das Wirkliche gerichtete, durch keinerlei andere Rücksicht beeinflußte Beobachtung alleinige Aufgabe und oberstes Gesetz ist. Auch der Historiker, dem es als höchstes Ziel vorschweben mag, das Walten einer ewigen Vernunft in den Geschicken der Menschheit zu begreifen, wird sich doch in seiner Einzelforschung die bescheidenere Aufgabe stellen, zu ermitteln und darzulegen, „wie es eigentlich gewesen ist". Und auch Goethe ist sicherlich, wo er beobachtete und untersuchte, bestrebt gewesen, die gerade vorliegenden Tatbestände ohne jede Voreingenommenheit mit der größten Genauigkeit wahrzunehmen, jede Beeinflussung durch allgemeine Ideen, durch irgendeine Art von Wertungen u. dgl. aber gänzlich fernzuhalten. Hier unterscheidet sich seine Arbeit nicht von derjenigen, die auch der nüchternste Empiriker sich zur Aufgabe stellt, und sie bleibt mustergültig auch für denjenigen, der sich etwa Goethes großen Gedanken gegenüber gleichgültig oder auch ablehnend verhielte [48]).

Sodann aber versteht sich ja, daß die Aufgabe, die sich der einzelne Naturforscher als Mensch stellen kann und darf, nicht mit derjenigen zusammenfällt, die wir den Naturwissenschaften als solchen vorzuzeichnen haben. Auch für den, dem ihre Förderung berufsmäßige Aufgabe, vielleicht auch höchste Leidenschaft ist, wird sich doch in ihnen, in dem, was wir ihren Inhalt nennen dürfen, Denken und Betrachten nicht restlos erschöpfen. Wie nun aber der Einzelne sein Wissen von der Natur mit religiösen Ueberzeugungen in Verbindung zu bringen oder zu einer Weltanschauung zu vertiefen hat, das gehört wohl in erster Linie zu dem, was sich durch keine allgemeine Regel vorschreiben läßt. Nicht jedem wird es geziemen, hier in den Spuren Goethes wandeln zu wollen, und nicht jedem wird dies möglich sein. Und Goethe selbst wäre wohl der letzte gewesen, seine Anschauungen auch in diesem Umfange für ein unverbrüchliches Vorbild zu halten. — In Einem freilich dürfen wir wohl Goethes Naturforschung überall und für alle Zeiten als höchstes Vorbild in Anspruch nehmen: in ihren stimmungs- und gefühlsmäßigen Eigentümlichkeiten. Zwei Merkmale sind es, die uns hier entgegentreten, die, fast widersprechend, schwer zu verbinden erscheinen, und deren glückliche Vereinigung für Goethe so besonders charakteristisch ist. Das eine ist das ästhetische Wohlgefallen an der Natur, die Freude an der reichen, bunten und doch wieder durch Ordnung geadelten Mannigfaltigkeit ihrer Hervorbringungen. So nennt er die Natur den lustigen Springbrunn, der ihm aus tausend Röhren spielen soll. — Das andere ist die Ehrfurcht vor ihren unverbrüchlichen Gesetzen, die heilige Scheu vor dem Unerforschbaren. „Alles andere", sagt er einmal, „ist mehr oder weniger biegsam, läßt mehr oder weniger mit sich handeln. Die Natur aber versteht gar keinen Spaß; sie ist immer wahr, immer ernst, immer streng, sie hat immer recht, und die Fehler und Irrtümer sind immer des Menschen" [49]. Und wie oft hat er dieser Empfindung, namentlich gegenüber den Urphänomenen, Ausdruck gegeben. Die still genießende Freude und die andachtsvoll staunende Verehrung: aller Beschäftigung mit der Natur wird man nichts Besseres wünschen können, als daß dies, wie es bei Goethe der Fall war, ihre Angelpunkte sein mögen.

Anmerkungen *).

1) Eine strenge Durchführung dieses Gegensatzes habe ich zuerst in meinen Prinzipien der Wahrscheinlichkeitsrechnung (Freiburg 1886, S. 85) gegeben. Dort habe ich auch die hier benutzten Namen nomologisch und ontologisch eingeführt. Eine eingehendere Besprechung der betreffenden Verhältnisse findet sich in meiner L o g i k (Tübingen 1916), insbesondere S. 53 und 116.

2) Wilhelm W i n d e l b a n d , Präludien, 5. Aufl., II S. 130.
3) Dichtung und Wahrheit. G.W. XXIV, S. 9 und 18.
4) E c k e r m a n n III, S. 175 (12. März 1828).
5) B o d e , Goethes Gedanken I, S. 39 und E c k e r m a n n I, S. 126 (24. Nov. 1824).
6) Sprüche in Prosa. G.W. IV, S. 204.
7) E c k e r m a n n I, S. 212 (17. Jan. 27).
8) E c k e r m a n n III, S. 81 (5. Juni 1825).
9) R. T i g e r s t e d t , Zur Psychologie der naturwissenschaftlichen Forschung. Vortrag, geh. in der 2. Versammlung nordischer Naturforscher und Aerzte. Hesingfors 1902.
10) E c k e r m a n n III, S. 165 (10. März 1828).
11) Ebenda II, S. 187 (17. Febr. 1831).
12) B i e d e r m a n n IV, S. 269 (24. April 1830).
13) Sprüche in Prosa. G.W. IV, S. 230.
14) Ebenda S. 212.
15) B i e d e r m a n n I, S. 507 (2. Aug. 1807).

---

*) In den folgenden Anmerkungen sind die Schriften Goethes kurz mit G.W. zitiert, und zwar, wo nicht anders angegeben, nach der sog. J u b i l ä u m s a u s g a b e.
Das bekannte Werk E c k e r m a n n s , „Gespräche mit Goethe in den letzten Jahren seines Lebens", wird kurz als E c k e r m a n n zitiert, und zwar nach der Reklamausgabe. Die Anführung B i e d e r m a n n bedeutet Goethes Gespräche, Gesamtausgabe, neu herausgegeben von Fl. Frhr. v. Biedermann, 5 Bde., Leipzig 1909—1911.

16) Eckermann II, S. 13 (3. Okt. 1828).
17) Biedermann I, S. 458 (Nov. 1906).
18) Zahme Xenien VII, G.W. IV, S. 197.
19) Hermann und Dorothea, G.W. VI, S. 160.
20) Hermann und Dorothea, G.W. VI, S. 221. Ferner G.s Bemerkungen über den Mann, der, wie überliefert wird, durch unendliche Ausdauer es dahin gebracht hat, Hirsekörner durch ein Nadelöhr zu werfen und diese Kunst Alexander dem Großen vorführte. Biedermann I, S. 407.
21) Hermann und Dorothea. G.W. VI, S. 195.
22) Eckermann III, S. 237 (5. April 1830).
23) Sprüche in Prosa. G.W. IV, S. 29 und 236. Ferner Biedermann III, S. 85.
24) Dichtung und Wahrheit. G.W. XXIII, S. 237. Sprüche in Prosa. G.W. IV, S. 209.
25) Sprüche in Prosa. G.W. XXXIX, S. 91.
26) Ebenda S. 64. Vgl. auch G.W. IV, S. 231.
27) Xenien. Aus dem Nachlaß. Weimarer (Sophien-)Ausgabe Abt. I, Bd. V, 1, S. 275.
28) Die viel umstrittene Frage, was Goethe sich unter der Urpflanze eigentlich gedacht habe, hängt aufs genaueste mit der andern zusammen, wie sich der Grundgedanke seiner Lehre von der Metamorphose der Pflanze in ihm entwickelt hat. Beide sind durch die in neuerer Zeit bekannt gewordenen Tagebuchaufzeichnungen Goethes in interessanter Weise beleuchtet, aber wohl kaum ganz abschließend geklärt worden. Mit einer gewissen Dunkelheit behaftet bleibt m. E. trotz allem jene bekannte Stelle der Italien. Reise (17. April 1887), die von seinem Besuch des botanischen Gartens in Palermo berichtet. „Im Angesicht so vielerlei neuen und erneuten Gebildes fiel mir die alte Grille wieder ein, ob ich nicht unter dieser Schar die Urpflanze entdecken könnte. Eine solche muß es denn doch geben; woran würde ich sonst erkennen, daß dieses oder jenes Gebilde eine Pflanze sei, wenn sie nicht alle nach einem Muster gebildet wären?" Nach allgemeinem Sprachgebrauch liegt es ja ohne Zweifel am nächsten, den hier benutzten Ausdruck „es gibt" im Sinne eines realen Existierens aufzufassen. Nehmen wir jedoch die Stelle in diesem Sinne, so bedeutet ihr Inhalt eine handgreifliche Täuschung, die wir Goethe kaum ernstlich zutrauen dürfen. Denn überall bilden wir ja aus Gesamtheiten mehr oder weniger gleichartiger Eindrücke den allgemeinen, sie alle umfassenden Begriff, überall erkennen wir auch unmittelbar die Zugehörigkeit weiterer ähnlicher Eindrücke zu diesem Begriff, ohne daß darum ein einzelnes Gebilde zu existieren brauchte, das diesen Begriff sozusagen rein verkörpert. Auch war Goethe ja offenbar selbst schon vorher befähigt gewesen, alle möglichen Gebilde als Pflanzen zu erkennen, ohne daß er die Urpflanze gesehen hatte. Und so konnte diese Möglichkeit doch sicherlich nicht von deren Existenz abhängen. Unter

diesen Umständen drängt sich die Frage auf, ob wir Goethe hier nicht mißverstehen. Die Worte „eine solche mußte es doch geben" könnten doch vielleicht auch in dem Sinne gemeint sein, daß ein solches, die wesentlichen Merkmale der Pflanze rein darstellendes Gebilde d e n k b a r sein müsse, wonach denn seine reale Existenz nicht gefordert, wohl aber als eine mögliche erwartet und erhofft werden konnte. Auch diese Auffassung steht mit dem allgemeinen Zusammenhange ganz im Einklang; sie macht verständlich, daß G. sich zu der Durchmusterung einer besonders reichen Fülle von Pflanzen mit der Hoffnung anschickte, seiner Urpflanze vielleicht dort zu begegnen. Wenn aber j e n e Forderung (die D e n k b a r k e i t eines als Urpflanze zu bezeichnenden Gebildes) aus der Fähigkeit, alle möglichen Gebilde als Pflanzen zu erkennen abgeleitet wurde, so steht dies durchaus im Einklange mit psychologischen Anschauungen, die zwar auch wohl nicht in jedem Teile unbestritten und einwandsfrei, doch sehr wohl bei G. vorausgesetzt werden dürfen. Bilden wir aus einer großen Zahl gleichartiger und ähnlicher Wahrnehmungen den allgemeinen Begriff der Pflanze, und erkennen wir die Zugehörigkeit eines neuen Gebildes zu diesem allgemeinen Begriffe, so beruht das ja (so etwa werden wir uns die Betrachtung Goethes zurechtlegen können) darauf, daß ihnen allen gewisse Merkmale gemeinsam sind. Diese in voller Deutlichkeit zu erkennen und anzugeben ist eine Aufgabe, die wir uns jedenfalls stellen dürfen und die bei aufmerksamer Verarbeitung eines hinreichenden Beobachtungsmaterials lösbar sein muß. Ob durch die Zusammenfügung solcher zunächst begrifflich bezeichneter Merkmale ein reales Gebilde aufgebaut werden kann, das ist nun freilich eine nicht ganz einfache, mit alten Problemen der Psychologie aufs innigste verflochtene Frage. Mit Recht kann dagegen eingewandt werden, daß das reale Gebilde in jeder Hinsicht seine volle individuelle Bestimmtheit aufweisen und daher stets Merkmale und Bestimmungen aufweisen muß, die der allgemeine Begriff n i c h t enthält, so daß denn auch das verwirklichte Gebilde niemals die vollkommen adäquate Darstellung des Begriffes sein kann. Indessen ist nicht zu bezweifeln, daß doch jedenfalls auch reale Gebilde denkbar sind, die jene allgemeinen Begriffe in besonders einfacher, typischer und wenig komplizierter Weise zur Anschauung bringen. Namentlich aber ist zu beachten, daß das Verhältnis zwischen Begriff und realem Individuum zwar auch zu Goethes Zeit schon den Gegenstand mancher Erörterungen gebildet hatte, daß aber gerade der hier eben berührte Punkt keineswegs allgemein anerkannt oder geläufig war. Es hat daher durchaus nichts Auffälliges, wenn Goethe, ohne ihm Rechnung zu tragen, ein den Begriff schlechtweg verkörperndes Gebilde für möglich hielt und erhoffte. — Danach erscheint denn wohl die Annahme berechtigt, daß G o e t h e a l s U r p f l a n z e i n e r s t e r L i n i e e i n a u s d e m B e o b a c h t u n g s m a t e r i a l h e r a u s z u a r b e i t e n d e s D e n k g e b i l d e v o r s c h w e b t e, dessen annähernde oder genaue Verwirklichung durch eine in natura vorkommende bestimmte Pflanze aber als möglich und, bei der unendlichen Fülle von Formen, die es tatsächlich gibt, als wahrscheinlich erwartet werden konnte. — Mit dieser Auffassung steht es durchaus im Einklang, wenn er einige Zeit später schreibt: „Meine Urpflanze wird das wunderlichste Ding von der Welt." Denn darin spricht sich doch unverkennbar aus, daß es sich um ein G e d a n k e n g e b i l d e handelt, das er auf Grund seiner Beobachtungen zu konstruieren beschäftigt ist. Nicht minder aber können wir auch ganz gut verstehen, daß auch ohne einen entschiedenen Wandel seiner Anschauungen der Gedanke an die realiter existierende Urpflanze mehr und mehr zurückgeschoben wird und an seine Stelle der Begriff des T y p u s tritt, bei dem an die reine Verwirklichung in einem individuellen Gebilde nicht mehr gedacht wird.

29) Rudolf M a g n u s, Goethe als Naturforscher, Leipzig 1906, S. 75 und 132.

30) B i e d e r m a n n IV, S. 466.

31) Auf die gewaltige, m. E. gar nicht hoch genug zu veranschlagende Bedeutung der Mathematik in der Naturwissenschaft möchte ich hier um so mehr hinweisen, als z. Z. eine gewisse Tendenz besteht, gerade unter Berufung auf Goethe die mathematischen Verfahrungsweisen zu bemängeln und herabzusetzen. Begegnen wir doch nicht selten und gerade in der Goethe-Literatur der Ansicht, daß gewissermaßen ein Kampf zwischen der mathematisch-mechanischen und der Goetheschen Naturauffassung bestehe, in dem nun nach Ueberwindung einer im Zeichen der ersteren stehenden Epoche die letztere siegreich das Feld behaupten werde. Man kann mit größerem Recht das genaue Gegenteil behaupten. Das Gebiet der Mathematik hat sich immer weiter ausgedehnt. Ja in der Regel finden wir, daß gerade, wenn ein Gebiet m e s s e n d e n Ermittelungen und damit einer Anwendung der mathematischen Betrachtung zugänglich wird, dadurch der Weg für rapide Fortschritte und ungeahnte Entwicklung eröffnet wird. Ich möchte hier an die neuere Entwicklung der V e r e r b u n g s l e h r e erinnern. Die Erforschung dieses seit alten Zeiten mit heißem Bemühen bearbeiteten Gegenstandes hat die mächtigsten und fruchtbarsten Antriebe erhalten, ja sie ist in ein ganz neues Stadium getreten, in dem Augenblick, wo man auf den zuerst von M e n d e l eingeschlagenen Wegen dazu gelangte, z a h l e n m ä ß i g angebbare Tatsachen und q u a n t i t a t i v bestimmte Gesetzmäßigkeiten aufzufinden. Aehnliches gilt auch für die C h e m i e. Bis vor wenigen Jahrzehnten war der Umfang dessen, was sich in ihrem Untersuchungsgebiete zahlenmäßig erfassen ließ, außerordentlich beschränkt und ging kaum über das hinaus, was durch die Anwendung der Wage zu finden war. Der ungeheure Aufschwung, den die Chemie neuerdings genommen hat, hängt

vornehmlich damit zusammen, daß sie in weit engere Verbindung mit der Physik getreten ist und dadurch auch messende Beobachtungen der verschiedensten Art in ihr Arbeitsgebiet Aufnahme fanden. — Besonders entschiedenen Einspruch darf man gegen Betrachtungen erheben, die mit seltsamer Umkehrung das Urteil über den Wert der Mathematik im Hinblick auf die Veranlagung Goethes bestimmen wollen. So finden wir bei E n g e l die etwas befremdende Aeußerung: „Goethe ging der mathematische Sinn ab, eine den Ueberschätzern der Mathematik immer wieder entgegenzuhaltende Tatsache" (Goethe, Der Mann und das Werk, S. 483). Sollte nicht mit größerem Recht jene Tatsache denjenigen entgegenzuhalten sein, die geneigt sind, Goethes Bedeutung als Naturforscher zu überschätzen?

32) Das Verhältnis der Goetheschen Ideen zu der modernen Abstammungslehre ist bekanntlich ein besonders schwieriger und viel umstrittener Gegenstand. Daß hier enge Beziehungen bestehen, ist natürlich unverkennbar. Der Goethesche Gedanke eines inneren, die ganze Pflanzenwelt und die ganze Tierwelt zu einem einheitlichen Ganzen verbindenden Zusammenhanges findet offenbar in der Annahme, daß alle Lebewesen sich in allmählichem Fortschritt aus einfachsten Anfangsformen entwickelt haben, eine greifbare und unser Erkenntnisbedürfnis befriedigende Ausgestaltung. Auch alle spezielleren, hierher gehörigen Begriffe, die Zusammengehörigkeit kleinerer oder größerer Gruppen, die Homologie der Organe usw. gewinnen so eine feste Grundlage. Ja, es läßt sich nicht bestreiten, daß in Ermangelung des Abstammungsgedankens diesen Begriffen fast überall ein gewisser Charakter des Unfertigen oder Vorläufigen anhaftet, daß sie uns noch eine Deutung zu verlangen scheinen. Bei diesem Standpunkt scheint der Abstammungsgedanke durch Goethes allgemeine Ideen so nahegelegt, daß es uns verwunderlich dünken kann, ihn nicht von Goethe gefunden, ausgesprochen und in seiner ganzen Wichtigkeit betont zu finden. Tatsächlich aber verhält es sich so. Wir finden keine Stelle, in der sich Goethe unzweideutig und entschieden dafür erklärt hätte. Ob er sich mit ihm beschäftigt hat, ist zweifelhaft; jedenfalls war er weit entfernt, ihm die entscheidende Bedeutung beizumessen, die er gegenwärtig für uns besitzt. Wie ich glaube, läßt sich das nur verstehen, wenn wir uns Goethes ganze Denkweise vergegenwärtigen. In ihr lag es, daß er jenes sich uns so stark aufdrängende Bedürfnis einer Deutung und Erklärung für seine biologischen Ideen gar nicht empfand. In dem stetigen Zusammenschluß der Formen, in der Einheit, zu der sich demgemäß die ganze Welt der tierischen wie der pflanzlichen Organismen zusammenfügt, erblickte er eine die Gesamtheit des Seienden durchdringende Ordnung, die ihn erhob, beglückte, auch sein Erkenntnisbedürfnis befriedigte, keineswegs aber die Zurückführung auf ein durch biologische Gesetze bestimmtes und in diesem Sinne verständliches G e s c h e h e n zu fordern schien.

33) Raehlmann, Goethes Farbenlehre. (Jahrbuch der Goethe-Gesellschaft III, S. 3). Ohne übrigens das Verdienst Goethes verkleinern zu wollen, darf doch darauf hingewiesen werden, daß es mindestens eine starke Einseitigkeit bedeutet, wenn man, wie es jetzt vielfach geschieht, gerade diesen Kreis von Erscheinungen als den für unser Verständnis des Sehens bedeutungsvollsten, ganz in den Vordergrund rückt. Das Sehorgan ist ein Sinneswerkzeug, seine Funktion und Einrichtung muß in erster Linie unter den hierdurch gegebenen Gesichtspunkten betrachtet werden. Sollen uns die Sinne zur Erkennung äußerer Vorgänge oder Gegenstände dienen, so ist als wichtigste Anforderung, die zu stellen, daß ein bestimmter äußerer Vorgang (oder Gegenstand) immer die nämliche Empfindung hervorruft. Dagegen muß es stets zu Täuschungen führen, wenn je nach wechselnden Zuständen des Sinnesorgans selbst dieselben äußern Vorgänge jetzt diese, jetzt eine andere Empfindung hervorbringen können. Hierin liegt die ganz unbestreitbare Berechtigung der älteren Betrachtungsweisen, die in den Nachbildfarben eine Störung der normalen Erkennungsfunktion des Sehorgans erblickten. Daß das Organ dabei nach ganz bestimmten, in seiner Natur begründeten Gesetzmäßigkeiten sich verhält, ist selbstverständlich. — Mögen wir ferner die Bedeutung eben dieser in der Natur des Organs begründeten Zustandswechsel und der Einrichtungen, die sich darin verraten, höher oder niedriger veranschlagen, jedenfalls ist doch die Frage, die in erster Linie interessiert, immer die, in welcher Weise die Empfindungen von der Beschaffenheit der das Sinneswerkzeug affizierenden äußeren Vorgänge abhängen. Dies muß man vor allem auch im Auge behalten, um das Verdienst Newtons richtig zu würdigen. Denn er war es, der diese Frage zuerst in ihren Grundzügen richtig beantwortet hat, wofür ein richtiger Einblick in die objektive Beschaffenheit des Lichts unerläßlich war.

Durchaus unzutreffend ist es denn auch, wenn gesagt wird, daß Newton eine Berücksichtigung des Sinnesorgans ganz unterlassen habe (so z. B. Siebeck, Goethe als Denker, S. 126; ähnlich noch schärfer Gundolf, Goethe, S. 415). Wie die verschiedenen Lichter, zunächst einfache, dann aber auch gemischte aussehn, also auf unser Sinneswerkzeug einwirken, gerade das war es, was Newton zu ermitteln bemüht war und was er in der Tat durch die von ihm gefundenen Gesetze aufgeklärt hat. Und was jetzt in der Physiologie als das „Newtonsche Farbenmischgesetz" bezeichnet wird, ist ein Satz (richtiger eine Summe von Sätzen), die sich auf das Aussehen von gemischten Lichtern bezieht. Wie kann man da sagen, daß er von der Mitwirkung des Auges abstrahiert habe! Was Newton in der Tat aus der Untersuchung ausgeschaltet hat, sind vielmehr die Veränderungen im Zustande des empfindenden Sinnesorgans. In der Tat hat er sich immer darauf beschränkt, in Betracht zu ziehen, wie ein Licht oder Lichtgemisch bei neutraler Stimmung des Auges aussieht, die Veränderungen aber, die das Aussehen durch Umstimmungen des Auges u. dgl. erfahren kann, außer Betracht gelassen. Damit aber ist er nur einem allgemeinen methodischen Prinzip gefolgt, das auch hier durchaus am Platze und zweckmäßig ist. Wenn ein Vorgang von zahlreichen verschiedenen Bedingungen abhängt, so müssen wir die Art, wie er durch jede derselben bestimmt wird, für sich herauszubringen suchen. Und zu diesem Zwecke verfahren wir stets so, daß wir d i e s e Art der Bedingungen systematisch abändern, dabei aber alle übrigen so genau als möglich ungeändert lassen. So konnte Newton sehr wohl ein Licht schlechtweg Rot oder Grün oder Farblos nennen, ohne darauf Rücksicht zu nehmen, daß unter besonderen Umständen durch eine Veränderung im Zustande des wahrnehmenden Organs es auch anders aussehen könne.

Was nun die Zustandswechsel des Auges selbst anlangt, so begegnen wir hier dem Goetheschen Gedanken jenes Wechselspiels sich gegenseitig „fordernder" Farben, dessen Bedeutung im Text hervorgehoben und gewürdigt worden ist. Wie bekannt, bildet diese Annahme, in bestimmterer biologischer Ausdeutung, den Grundgedanken von H e r i n g s Theorie der Gegenfarben. Mit Recht kann man daher sagen, daß in dieser ein Goethescher Gedanken aufgenommen und weiter entwickelt worden ist. Aber gerade der Vergleich mit dieser Theorie läßt auch erkennen, wie Goethe durch die ihm eigene grundsätzliche Identifizierung subjektiver und objektiver Verhältnisse hier vielfach irregeführt worden ist, so wenn er als die Gegenfarbe des reinen Gelb Violett (nicht Blau) betrachtete, wenn er im Rot eine Steigerung des Gelb erblickte u. dgl.

Noch verkehrter ist es, wenn der ganze Sachverhalt so dargestellt wird, als ob die Aufgabe, die Natur des Sehorgans zu ergründen, zuerst von Newton (im Anschluß an ihn von Helmholtz) in mehr oder weniger verkehrter, dann dagegen von Goethe (und in gewissem Anschluß an diesen von Hering) erst in der rechten Weise in Angriff genommen worden sei. Es handelt sich gar nicht um dieselbe Aufgabe, deren Lösung wir auf dem einen oder anderen Wege versuchen könnten, sondern um Fragen, die sich auf ganz verschiedene Seiten in der Funktion des Sehorgans, wahrscheinlich auch auf verschiedene Teile dieses sehr zusammengesetzten Gebildes erstrecken.

34) Wieweit man in Goetheschen Gedanken V o r a h n u n g e n späterer wissenschaftlicher Ergebnisse oder in diesen Anklänge an Gedanken Goethes erblicken will, das ist natürlich in hohem Grade Sache eines individuellen Ermessens; auch hängt es sehr von dem Gesichtspunkt ab, unter dem die Betrachtung geführt wird. Suchen wir nach Bekundungen des glücklichen Scharfblickes, der Goethe sicherlich eigen war, so werden auch unbestimmte Aehnlichkeiten und entferntere Berührungen beachtenswert erscheinen. Fragen wir in mehr objektivem Sinne nach inneren Zusammenhängen und dem Gange des wissenschaftlichen Fortschritts, so darf man auch die tiefgreifenden, oft grundsätzlichen Abweichungen nicht

außer acht lassen, durch die die Bedeutung einer in gewissen Hinsichten bestehenden Uebereinstimmung sich mehr oder weniger einschränkt.

In jenem bekannten tiefsinnigen Gedanken von der „Sonnengleichheit" des Auges, den Goethe als eine tiefe Weisheit der altgriechischen Philosophie entnahm, hat man wohl eine Antizipation der uns durch Kant und Joh. Müller geläufigen Einsicht erblicken wollen, daß wie überhaupt unsere Empfindungen durch die Natur unserer Sinneswerkzeuge, so auch die wesentlichen Merkmale unserer optischen Empfindungen, Helligkeit und Farbe, durch die Natur des Sehorgans festgelegt und vorgezeichnet sind. Ohne Zweifel besteht zwischen beiden Gedanken auch ein gewisser Zusammenhang. In beiden Fällen wird der naiven Anschauung entgegengetreten, als ob die den äußeren Gegenständen eigenen Beschaffenheiten sozusagen von selbst in unsern Empfindungen wiedergegeben würden, und es wird im Gegensatze dazu die maßgebende Bedeutung des Sinneswerkzeuges betont. Allein Goethes Meinung war doch die im prägnantesten Sinne realistische, daß im Licht und den Farben, dem Glanz und dem Dunkel die Eigenschaften der realiter vorhandenen Dinge und Vorgänge (als deren höchster Repräsentant vielleicht die Sonne zu nennen wäre) erblickt werden müssen, und daß es daher der Bildung eines wesensverwandten Organs bedürfe, um jene Wirklichkeiten aufzunehmen und wiederzugeben. Es ist etwas gänzlich Verschiedenes, ja sogar eigentlich diametral entgegengesetzt, wenn wir uns unsere Empfindungen durch die Natur des Sinneswerkzeugs bestimmt denken, die Beschaffenheit des Gegenstandes selbst aber als von der Empfindung grundsätzlich verschieden, mit ihr völlig unvergleichbar und als etwas unserem Erkennen überhaupt Entzogenes betrachten. In der einen Anschauung eine Annäherung an die andere zu erblicken, das ist, wie mir scheint, nur im Sinne jener allgemeinen Regel zutreffend, daß die Extreme sich berühren. Auch hier kann man nur sagen, daß die diametral entgegengesetzten Anschauungen in gewisser Hinsicht zusammentreffen.

35) B i e d e r m a n n III, S. 265.
36) Dichtung und Wahrheit. G.W. XXIII, S. 11.
37) Goethes erstaunliche Fähigkeit, man möchte sagen, seine Virtuosität des Sehens tritt uns nicht allein in seinen naturwissenschaftlichen Studien, sondern nicht minder eindrucksvoll bei Beobachtungen der verschiedensten Art entgegen. Ein viel beachtetes Beispiel bieten seine Aufzeichnungen über das Selbstbildnis Dürers, das er in der Sammlung des Herrn Beireis in Braunschweig sah. Er schreibt darüber (Tag- und Jahreshefte 1805): „Unschätzbar hielt ich Albrecht Dürers Porträt, von ihm selbst gemalt, mit der Jahreszahl 1493, also in seinem zweiundzwanzigsten Jahre, halbe Lebensgröße, Bruststück, zwei Hände, die Ellenbogen abgestutzt, purpurrothes Mützchen mit kurzen schmalen Nesteln, Hals bis unter die Schlüsselbeine bloß, am Hemde gestickter Obersaum, die

Falten der Aermel mit pfirsichfarbenen Bändern unterbunden, blaugrauer mit gelben Schnüren verbrämter Ueberwurf, wie sich ein feiner Jüngling gar zierlich herausgeputzt hätte, in der Hand bedeutsam ein blaublühendes Eryngium, im Deutschen Mannstreue genannt, ein ernstes Jünglingsgesicht, keimende Barthaare um Mund und Kinn, das Ganze herrlich gezeichnet, reich und unschuldig, harmonisch in seinen Teilen, von der höchsten Ausführung, vollkommen Dürers würdig; obgleich mit sehr dünner Farbe gemalt, die sich an einigen Stellen zusammengezogen hatte." — Sicher sind diese Notizen erst geraume Zeit später aus der Erinnerung niedergeschrieben worden; denn daß Goethe sich etwa angesichts des Bildes Aufzeichnungen gemacht und diese später benutzt habe, das erscheint bei der ganzen Art der Besichtigung so ziemlich ausgeschlossen. Wie versteht derjenige Bilder zu betrachten, der eine solche Menge von Einzelheiten wahrnimmt und behält!

38) Die Unterschiede individueller Veranlagung sind bekanntlich gerade hinsichtlich der Mathematik besonders weitgehende. Eine genaue psychologische Analyse dessen, worauf es dabei ankommt, steht z. Z. noch aus. Darüber, wie weit die geringere natürliche Anlage durch Unterricht und Uebung ausgeglichen werden kann, gehen die Meinungen stark auseinander. Wie Goethes Stellung zur Mathematik in beiden Richtungen zu beurteilen ist, das ist eine interessante, aber kaum ganz bündig zu beantwortende Frage. Die Angaben, die wir darüber finden, sind nur spärlich, überdies zum Teil nicht ganz leicht miteinander zu vereinbaren. Goethe sagt selbst, daß er sich „keiner Kultur von dieser Seite rühmen könne" (Farbenlehre I. G.W., Weimarer Ausgabe Abt. II, Bd. I S. 288). In einem Briefe an Frau v. Stein (3. Mai 1786) schreibt er, „ich möchte doch die vier Spezies in der Algebra durchbringen. Es wird Alles darauf ankommen, daß ich mir selbst einen Weg suche, über diese steilen Mauern zu kommen. Vielleicht treffe ich irgendwo eine Lücke, durch die ich mich einschleiche. Uebrigens hat Wiedeburg eine treffliche Methode". Einige Tage später heißt es: „Wir haben die vier Spezies durch und wollen nun sehen, was geblieben ist; soviel merke ich, es wird historische Kenntnis bleiben und ich werde es zu meinem Wesen nicht brauchen können, da das Handwerk ganz außer meiner Sphäre liegt. Doch ohne Nutzen wird es nicht sein." Nach Bode hat Goethe über seine Einnahmen und Ausgaben mit Sorgfalt und Genauigkeit Buch geführt. Gewiß dürfen wir darin einen Ausdruck der peinlichen Ordnungsliebe erblicken, die ihm bekanntermaßen eigen war. Aber wir dürfen doch wohl auch schließen, daß die dabei erforderliche rechnerische Betätigung ihm geläufig und nicht gar zu lästig oder widerwärtig war. Als Goethe beim Beginn seiner italienischen Reise die damals noch ortsübliche, ziemlich verwickelte Zeitrechnung kennen lernte, hat er diese in seinem Tagebuch (Italienische Reise, 17. Septbr. 1786) ausführlich dargestellt. Wir erkennen, daß er nicht nur die zwischen ihr und der üblichen bestehenden Zahl-

beziehungen sich vollkommen klar gemacht hatte, sondern auch die Umrechnung der einen in die andere belustigend fand.

Manche andere Angaben, die in der gleichen Richtung weisen, dürften dagegen, wenn auch nicht zu bezweifeln, doch mit einiger Vorsicht zu deuten sein. So seine eigene Angabe, daß er Montuclas Geschichte der Mathematik gelesen habe (Tag- und Jahreshefte 1806), ein auch für den Mathematiker nicht leichtes 4bändiges Werk (vgl. ferner Biedermann I, S. 196 über Goethes Vertrautheit mit ballistischen Formeln, eine Angabe von Dr. Bastiné, Tägl. Rundschau, Morgenausgabe, 23. März 1822 über Beschäftigung mit den Kegelschnitten u. a.). Auf der anderen Seite kann nicht übersehen werden, daß Goethe manchen Ueberlegungen unzugänglich war, die eine Anwendung eigentlich mathematischer Methoden kaum erfordern, bei denen höchstens im allerweitesten Sinne des Worts von einer mathematischen Form des Denkens die Rede sein kann. Dahin gehört namentlich jene schon im Text berührte Täuschung in bezug auf die Erscheinungen, die wir bemerken, wenn wir eine weiße Fläche durch ein Prisma betrachten. Daß auch nach Newtons Theorie von der zusammengesetzten Natur des weißen Lichts und von seiner prismatischen Zerlegung die Farben nur an den Rändern auftreten können, das läßt sich nicht nur durch unschwierige Ueberlegung einsehen, sondern auch durch einfachste Modelldarstellungen veranschaulichen. Daß Goethe diesen einfachen Sachverhalt niemals anerkannt hat, wird immer einigermaßen rätselhaft bleiben. Eben dahin gehört es, daß es Goethe (ebenso wie Schopenhauer) nicht gelingen wollte, sich den Begriff der D i s p e r s i o n oder Farbenzerstreuung klar zu machen. Man versteht hierunter bekanntlich den U n t e rs c h i e d des geringeren für rotes und des höheren für blaues Licht bestehenden Brechungsvermögens, und es hat nichts Auffälliges oder begrifflich Schwieriges, wenn neben einem mittleren Wert jener beiden, dem d u r c h s c h n i t t l i c h e n Brechungsvermögen, auch dieser U n t e r s c h i e d zum Gegenstande einer besonderen Bezeichnung gemacht wird. Aehnlich könnte man bei der Vergleichung zweier Menschenrassen einerseits die durchschnittliche Körperlänge, außerdem aber auch den Unterschied zwischen den höchsten und den geringsten vorkommenden Körperlängen in Betracht ziehen, und es könnte sein, daß für zwei Rassen die durchschnittlichen Körperlängen gleich, jener Unterschied aber bei der einen viel größer als bei der andern wäre. Daß Körper bei gleichem durchschnittlichen Brechungsvermögen mehr oder weniger ungleiche Dispersion zeigen, das konnte freilich zuerst überraschen. Aber es bedeutete einen im Grunde ganz einfachen Sachverhalt, dessen begriffliche Formulierung auch keinerlei besondere Schwierigkeiten oder Dunkelheiten einschloß. Wie Goethe diesen Begriff als einen unsinnigen und hinterhältigen bekämpft (Farbenlehre, G.W. Weimarer Ausg. Abt. II, Bd. II, S. 417 und IV, S. 205), davon kann man nicht ohne peinliche Verwunderung Kenntnis nehmen. — Ob der Mangel an mathematischer Anlage bei

Goethe erheblich über das hinausgegangen ist, was überaus häufig vorkommt, möchte ich gleichwohl bezweifeln. Richtiger wird vielleicht zu sagen sein, daß diese Art intellektueller Betätigung durch das gewaltige Uebergewicht seiner andern geistigen Potenzen, vor allem durch seine erstaunliche Fähigkeit unmittelbar sinnlicher Beobachtung in ungewöhnlicher Weise zurückgedrängt und gehemmt wurde.

39) Zur Natur- und Wissenschaftslehre G.W. Bd. XXXIX, S. 28.
40) Zahme Xenien. G.W. IV, S. 104.
41) Zitiert nach E n g e l , Goethe, der Mann und das Werk, S. 478. Aehnliche Stellen finden sich vielfach. In einer von Falk wiedergegebenen Unterhaltung sagt Goethe, „daß die Natur gelegentlich und gleichsam wider Willen manches von ihren Geheimnissen ausplaudere. Gesagt sei Alles irgend einmal, nur nicht auf der nämlichen Stelle, wo wir es vermuten." B i e d e r m a n n IV, S. 468. Auch an den hübschen Vergleich sei hier erinnert, durch den Goethe seine Meinung erläutert, daß das Verständnis der Naturerscheinung leicht zu gewinnen sei, wenn man nur auf dem rechten Wege vorgehe. „Jedes Phänomen ist zugänglich wie ein planum inclinatum, das bequem zu ersteigen ist, wenn der hintere Teil des Keils schroff und unerreichbar dasteht." Sprüche in Prosa, G.W. IV, S. 251.
42) Sprüche in Prosa. G.W. IV, S. 242. „Die Sinne trügen nicht, aber das Urteil." Vgl. auch Farbenlehre, Satz 180. G.W., Weimarer Ausgabe Abt. II, Bd. I. S. 75.
43) Sprüche in Prosa. G.W. IV, S. 229.
44) Farbenlehre, G.W., Weimarer Ausg., Abt. II, Bd. I, S. 72.
45) Sprüche in Prosa. G.W. IV, S. 224. Vgl. hierüber auch die Ausführungen W i n d e l b a n d s in seinem Vortrage „Aus Goethes Philosophie", Präludien, 5. Aufl., I, S. 185 f.
46) E c k e r m a n n II, S. 238 (29. Mai 1831).
47) Ebenda I, S. 86 (24. Febr. 1824).
48) Daß Goethe bei einem großen Teil seiner Forscherarbeit genau so zu Werke gegangen ist, wie auch der zünftige Naturforscher verfährt oder zu verfahren bestrebt ist, daß also zwischen ihm und der zünftigen Naturforschung kein grundsätzlicher Unterschied der Ziele oder der Methode besteht, das hat (im Gegensatz zu H. St. Chamberlain) H a n s e n mit Recht hervorgehoben (Goethe-Jahrbuch 14, S. 15).
49) E c k e r m a n n II, S. 47.